吾友我
오 우 아
나는 나를
벗 삼는다

애쓰다 지친 나를 일으키는 고전 마음공부

오 吾
우 友 나는 나를
  벗 삼는다
아 我

박수밀 글

메가스터디BOOKS

저자의 말

남을 보느니 나 자신을 보고,
남에게서 듣느니 나 자신에게 듣겠다

왜 나는 삶의 줏대를 세워 나답게 살아가지 못할까? 사람의 마음은 쉽게 전염된다. 남들이 두려워하면 나도 두려워지고, 남들이 손가락질하면 나도 따라서 손가락질한다. 남이 웃는 대로 따라 웃고, 남이 우는 대로 따라 운다. 나 자신을 믿어야 한다는 걸 알면서도 현실의 나는 순간마다 주위의 생각과 말에 흔들린다. 어느 순간 눈치 보며 사는 '가짜 나'로 살아간다. 남의 시선을 통해 자신을 찾고, 남에게 보이는 나를 통해 행복을 찾는다. 나 자신을 지키며 살아가야지 굳게 다짐해도 마음을 살피며 살기란 쉽지 않은 것이다. 세상을 살아간다는 것은 현실의 나와 본래의 나가 끊임없이 갈등하며 나아가는 일이다.

호남 실학의 시조로 일컬어지는 위백규는 "남을 보느니 나 자신을 보고, 남에게서 듣느니 나 자신에게 듣겠다"라는 좌우명을 남겼다. 이는 내가 말하고 싶은 바람을 잘 담고 있다. 나는 나일뿐, 남이 아니다. 누구도 내 안의 주인이 될 수는 없다. 남의 목소리에 신경을 쓰다가 내 목소리를 잃었고, 남을 부러워하다가 내 삶에 자신이 없어진 것이다. 남의 말에 연연하지 않고 남의 삶에 관심 두지 않는다면, 내가 내 목소리를 내지 못할 이유가 없고 내 삶을 긍정하지 않을 이유가 없다.

이 책은 사회가 원하는 욕망을 따르지 않고 자신이 선택한 길을 찾아간 옛 지식인들의 마음에 관한 글이다. 책의 등장인물들은 남들이 성공이라고 부르는 것, 남들이 행복이라고 말하는 것에서 벗어나 자신이 선택한 길을 갔다. 글에는 특히 박지원, 이덕무, 박제가가 자주 등장한다. 평소 내가 많이 좋아하고 꾸준하게 공부하는 인물들이다. 이외에 이규보, 유몽인, 장혼, 이익, 이옥, 홍대용, 정약용, 이용휴, 홍길주 등의 목소리도 담았다. 이들은 모두 분분한 세상 속에서 환경이나 사람에 휘둘리지 않고 마음을 지키며 살아가기 위해 노력했다.

이덕무는 홀로 지내다 맞이한 눈 내리는 새벽이나 비 내리는 밤에 '나는 나를 벗 삼는다'고 고백했다. 남이 알아주지 않더라도 내 품위와 내 자존감을 스스로 지키겠다는 마음이 담겨 있다. 앞의 나는 현실의 나이고 뒤의 나는 본래의 나일 것이다. 현실의 나가 본래의 나에게 다가와 서로를 위로해주니 나는 외로운 날들을 넉넉하게 이겨나갈 것이다. 이덕무는 이 말을 자신의 호로 삼아 오우아거사(吾友我居士)라고 일컬었다. 윤동주도 「쉽게 쓰여진 시」에서 혹독한 시절을 이겨내겠다는 다짐을 담아, '나는 나에게 작은 손을 내밀어' 눈물과 위안으로 악수를 했으니, 어쩌면 이덕무와 윤동주는 성품이 참 닮은 사람이었을 듯싶다.

　　장혼은 누추한 집에 살면서도 그뿐이면 족하다고 자족했다. 그는 적게 가지고도 행복할 줄 아는 비결을 알았다. 이용휴는 남의 욕망을 따라 사는 가짜 나를 버리고 참된 나로 돌아가겠다고 다짐했다. 수많은 성인은 지나가는 그림자일 뿐, 나는 나로 돌아가길 원할 뿐이라고 고백했다. 박지원은 눈과 귀를 믿지 말고 마음으로 보라고 권한다. 선입견과 편견에서 벗어나 새로운 세계를 보라고 주문했다. 홍길주는 욕망을 제어하고, 멈출 곳에서 멈출 줄 알아야 후회가 적다고 말했다. 유몽인은 한편에 빌붙지 않고 오직 내 마음을 따르겠노라고 선언했다. 이들은 욕망, 습관, 나이 듦, 미래, 관계 등 자신을 둘러싼 모든 삶을 사유하면서 '나답게 사는 법'을 고민했다. 그 고민은 지금을 살아가는 나의 문제이면서 우리의 문제이기도 하다.

고전문학자인 나는 지금의 내 삶에서 경험하는 낙심, 외로움, 상처, 불안, 염려, 욕망 등의 감정을 그때의 사람도 똑같이 고민하며 살아간다는 것을 알게 되었다. 옛사람의 마음에서 지금의 나를 배워보고 싶었고 마음에 와닿는 문장을 읽으면 그 마음으로 들어가 음미하고 곱씹어 보는 습관을 갖게 되었다. 그러다 월간 『샘터』에 '옛사람의 마음'이라는 제목으로 연재를 하는 기회를 얻었고 한국고전번역원에도 꾸준히 글을 연재하게 되었다. 그간 실었던 원고들을 갈무리해보니 그 글들은 모두 마음을 이야기하고 있었다. 당분간은 마음 들여다보기를 계속할 것 같다.

책에 실린 인용문은 고전의 수많은 글 중에서 내가 좋아하는 글을 선별한 것이다. 하나하나 음미하고 곱씹을 만한 좋은 문장들이다. 그 고전의 문장이 전해주는 깊이와 맛을 독자 여러분도 느끼고 좋아하게 되었으면 좋겠다. 옛글이 갖는 힘을 발견하고, 마음이 맑아지는 경험이 일어나길 기대한다. 그리하여 누군가에게 이끌려 가는 삶이 아니라 내가 이끌고 가는 삶이 되었으면 좋겠다. 고전의 지식인들이 그랬듯이 내가 속한 곳에서 삶의 주인으로 살아가면 그 자리가 참된 자리가 될 것이다.

우리는 지금 많은 시간을 혼자서 보낸다. 그 시간을 불안해하지 말고 옛사람처럼 고요히 즐겨보자. 이리 저리 휘둘리는 관계 과잉의 삶에서 한 발짝 물러나 보면 나를 벗 삼아 지내는 시간의 소중함을 알게 될 것이다. 나는 내게 속했고 나는 나를 벗 삼는다. 이 마음으로 당당하게 살면 그뿐이다. 더 나아가 남들이 성공이라고 부르는 것, 남들이 행복이라고 말하는 것에서 벗어나 나의 행복은 무엇인지, 내가 진정 좋아하는 것은 무엇인지 나의 목소리에 가만히 귀를 기울여 보자.

2020년 봄날에 박수밀 쓰다

차례

저자의 말 5

1부
나는 나를 벗 삼는다

잃어버린 나를 찾는 길

나를 벗 삼다 • 16

행복의 비결, 자족 • 22

잃어버린 나를 찾아서 • 30

망연자실의 참뜻 • 36

마음에 꼭 드는 날에 • 42

마음으로 보아라 • 50

처음을 삼가야 • 56

맑은 거울같이, 고요한 물처럼 • 60

스스로 새롭게 하라 • 66

다만 힘써 노력할 뿐 • 72

책으로 이불 삼고 • 80

끝날 때까지 끝난 게 아니다 • 88

마음을 붙드는 묘약 • 94

기적을 일으키는 힘 • 100

오르고 또 오르면 • 106

한마음 한뜻으로 • 110

색 안의 색을 보는 눈 • 116

어느 것이든
생명 있는 존재가 아니랴? • 122

마지막을 처음처럼 • 128

한 발 더 내딛는 용기 • 134

쓸모없는 존재는 없다 • 140

2부
마음을 바꾸면
삶이 아름답다

삶의 태도를 바꾸는 길

3부

멈춤을 알면 오래 간다

욕망을 다스리는 길

멈춤을 알면 오래 간다 • **148**
쉬어야 하는 이유 • **156**
생의 마지막에 • **162**
내일은 없다 • **168**
나이 듦의 의미 • **174**
나는 구름이고 싶다 • **180**
소똥구리는
여의주를 부러워하지 않는다 • **188**
아름다움은
오래 머물지 않는다 • **192**
사랑하기에 멀리하노라 • **200**
봄바람을 불어주다 • **208**
똥은 아름답다 • **212**
비울수록 채워진다 • **218**

나는 나를 믿는다 • 224
혼자서 가는 길 • 230
돈 꿔주는 기술 • 238
미워할 수 없는 친구 • 244
미움받을 용기 • 250
스승의 조건 • 256
끊어야 산다 • 262
잊어서는 안 되는 친구 • 268
함께 즐기는 삶 • 276
하나됨의 조건 • 282
바람보다는 햇볕으로 • 288
어두운 곳이 스승의 자리 • 294

4부

내 삶의 주인은 나다

당당히 혼자서 가는 길

1부 나는 나를 벗 삼는다

잃어버린 나를 찾는 길

나를 벗 삼다

살다 보면 깊이 외로울 때가 있다. 관계가 틀어져서 외롭고, 내 막막함을 누구도 답해줄 것 같지 않아 외롭다. 외로우니까 사람이 그립고, 누군가를 간절히 생각한다. 그러나 마음을 터 놓을 친구가 항상 곁에 있는 것은 아니다. 술잔을 나누고 웃는 얼굴로 안부를 묻는 정도의 사람은 있어도, 좋은 날 마음이 통하는 대화를 나눌 벗은 찾기 어렵다.

  조선 후기의 시인 이덕무李德懋는 "마음에 꼭 드는 시절에 마음에 꼭 드는 친구를 만나서 마음에 꼭 맞는 말을 나누며 마음에 꼭 맞는 글을 읽으면, 이것이야말로 지극한 즐거움인데 그런 일이 어찌도 적은가?"라며 탄식했다. 이렇게 참다운 친구를 얻기가 어렵다면 어떻게 해야 할까. 그는 "나는 나를 벗으로 삼는다!"라 말한다.

> 눈 오는 새벽, 비 내리는 저녁에 좋은 벗이 오질 않으니 누구와 얘기를 나눌까? 시험 삼아 내 입으로 글을 읽으니, 듣는 것은 나의 귀였다. 내 팔로 글씨를 쓰니, 감상하는 것은 내 눈이었다. 내가 나를 벗으로 삼았거늘, 다시 무슨 원망이 있으랴!
>
> 이덕무, 「선귤당농소蟬橘堂濃笑」

눈 내리는 새벽, 비 내리는데 홀로 있는 밤은 더욱 외롭다. 그러나 곁에는 함께 이야기를 나눌 친구가 없다. 듣는 사람 없고 보는 사람 없다 한들 무슨 상관이랴! 글을 읽으니 듣는 것은 나의 귀이고, 글을 쓰고 있자니 감상하는 것은 내 눈이다. 이 세상에 나를 가장 잘 알아주고 나를 가장 아끼는 건 오직 나뿐! 나는 나를 친구 삼아 스스로 즐기도록 하겠다! 이덕무는 '나는 나를 벗 삼는다'는 말을 자신의 호로 삼아 '오우아거사吾友我居士'라고 스스로 일컬었다. 자기 자신을 친구 삼으려는 심리에는 고단한 현실에 굴복하지 않고 자신을 지켜내려는 자의식이 있다. 남이 알아주지 않더라도, 속을 터놓을 사람이 없더라도 내 품위와 내 자존감을 나 스스로 지키겠다는 마음이다.

노자는 "나를 알아주는 이가 드물다면 나는 참으로 고귀한 존재"라고 했다. 주위에 사람이 없더라도, 나를 알아주는 이가 적더라도 나는 내 길을 꿋꿋하게 걸어가면 된다. 삶이 외로울지언정 그 외로움을 기꺼이 사랑하고 내 길을 따라가는 것이다.

조선 후기 문신인 이언진李彦瑱도 "나는 나를 벗하고 남을 벗하지 않겠다"고 선언한다. 이 세상에 나는 오직 한 사람이니, 내가 좋아하는 바를 따라 살아가겠노라고 다짐했다. 세상이 나를 인정해주지 않더라도 나의 자존감을 일으켜 세워 홀로됨을 사랑하고 그 길을 기꺼이 걸어가고자 했다.

박쥐의 처지를 생각해보라. 박쥐는 외롭다. 새의 부류에 속하자니 새끼를 낳고, 짐승에 속하자니 날개가 있다. 쥐라고 하기도, 새라고 하기도 애매한 처지이다. 어느 한쪽에 소속되어야 안전한데, 여기에도 저기에도 끼지를 못하고 따돌림을 당한다. 그러나 박쥐는 박쥐일 뿐, 굳이 어느 쪽에 소속되어야 할 이유는 없다. 박쥐는 박쥐면 족하다. 오히려 박쥐는 어느 편에도 속하지 않는 자유로움을 누릴 수 있다. 나도 마찬가지다. 나는 다만 내게 속했을 뿐이다.

나는 내게 속했다! 이 자존감이 세상을 당당히 홀로 가게 한다. 이해관계에 얽매일 필요 없으니, 푸른 것은 푸르다고 하고 붉은 것은 붉다고 말한다. 홀로 가는 길은 자유로운 길이다.

지금은 혼밥 혼술의 시대! 당당하게 혼자 살면서 혼자 밥 먹고 혼자 술 마시는 행위가 일상적인 풍경이 되었다. 물론 세상은 혼자서는 살 수가 없고, 관계는 여러모로 중요하다. 그러나 억지로 무리에 끼고, 관계에 연연할 것은 없다. 우리 사는 세상은 관계 과잉의 시대가 아니던가! 나는 내게 속했고 나는 나를 벗 삼는다. 이 마음으로 무소의 뿔처럼 가면 그뿐이다.

나는 내게 속했다!
이 자존감이
세상을 당당히
홀로 가게 한다.

행복의 비결, 자족

우리는 어려서부터 남 보기 부끄럽지 않게 살라는 말을 들으며 자라왔다. 끊임없이 남의 시선을 의식하며 남이 칭찬하는 것, 남이 좋아하는 것을 좇으며 살았다. 부모가 원하는 욕망, 미디어가 부추기는 욕망을 나의 행복인 양 살아온 것은 아닌지 스스로에게 묻지 않을 수 없다. 진정 행복해지고 싶다면 나의 욕망은 어떠한 것인지, 욕망의 방향성을 고민해 보아야 할 것이다.

　　조선 후기의 시인인 이이엄而已广, 장혼張混은 적게 욕망하고도 행복할 수 있는 비결을 알았던 사람이다. 그는 중인 출신이었다. 중인은 양반과 평민의 중간에 속한 계급으로, 아무리 능력이 뛰어나도 벼슬에 오르기 쉽지 않았다. 게다가 그는 아주 가난했는데 어릴 때 개에게 오른쪽 다리를 물려 평생 다리를 절어야 했다. "나는 가난한 집에서 태어나 자랐으며, 가난 때문에 벼슬을 했으나 봉급이 너무 작아 끼니조차 제대로 잇지 못했다. 날마다 가난으로 괴로워하며 마음속에 항상 고통을 숨겼다. 가난을 통곡하고 싶었으나 감히 통곡도 못한 지가 이미 오래였다"라는 그의 고백에서도 알 수 있듯이 장혼은 부잣집에서 가정교사 노릇을 하기도 하고 이것저것 허드렛일도 하면서 근근이 생계를 꾸려나갔다. 가난을 해결할 기미가 없자 이웃에 살던 김종수金鍾秀 정승에게 편지를 써서 도움을 요청했다. 하급의 아전 자리를 얻은 장혼은 이후 능력을 인정받아 서른두 살에 교서관校書館의 사준司準으로 취직했다. 사준은 책의 교정을 맡은 직책이었다.

그로부터 장혼은 평생 전문 편집자의 길을 걸었다. 중인 신분, 불편한 몸, 가난이라는 악조건에도 불구하고 그는 성실함을 바탕으로 다양한 업적을 쌓았다. 특히 그는 아동용 교과서를 많이 출판했다. 교정을 보는 솜씨도 상당히 뛰어나 상급자의 인정을 받는 것은 물론이고 이름이 온 나라에 퍼졌다. 궁궐뿐만 아니라 민간에서도 그에게 교정을 부탁할 정도였다. 책 한 권을 만들면 품계를 올려 받을 수 있었으나 그는 번

번이 "봉급은 부모님을 모시기 위해 받겠지만 승진은 제가 욕심내는 것이 아닙니다"라며 사양했다. 이 말을 전해 들은 정조는 그를 기특하게 여겨 봉급을 더 올려주었다.

그는 학문에도 뛰어났다. 특히 시에 뛰어난 소질을 보여 그가 시를 지으면 서로 읊어서 전해질 정도였다. 당시에 중인들은 인왕산 부근에서 모여 살았는데, 장혼 역시 인왕산 근처에서 시를 짓는 모임을 주도적으로 이끌었다. 그곳에서 살 만한 집터를 구하던 중 옥류동 길목 끝자락에 있는 버려진 낡은 집을 발견했다. 좁고 기울고 허름했지만 마음에 딱 맞았다. 집 앞에는 작은 우물이 있었고 너덧 걸음 떨어진 곳엔 여러 사람이 앉을 만한 너럭바위가 있었다. 장혼은 오십관을 주고 약 삼백 평 되는 집터를 사서 집을 새롭게 꾸밀 계획을 세웠다. 그는 크고 화려한 집을 원하지 않았다. 기와도 얹지 않고 칠도 하지 않은 평범하고 소박한 집을 짓고 싶었다. 아래의 글은 집을 다 짓고 나면 그곳에서 살아가고픈 장혼의 소망을 쓴 것이다.

> 홀로 있을 때는 낡은 거문고를 어루만지고 오래된 책을 펼쳐보며 한가롭게 드러누우면 그뿐이다. 잡생각이 나면 밖으로 나가 산길을 걸으면 그뿐이고 손

오우아

님이 오면 술을 내와 시를 읊으면 그뿐이다. 흥이 오르면 휘파람을 불며 노래를 부르면 그뿐이다. 배가 고프면 내 밥을 먹으면 그뿐이고 목이 마르면 내 우물의 물을 마시면 그뿐이다. 춥거나 더우면 내 옷을 입으면 그뿐이고 해가 저물면 내 집에서 쉬면 그뿐이다. 비 내리는 아침, 눈 오는 한낮, 저물녘의 노을, 새벽의 달빛은 그윽한 집의 신비로운 운치이므로 다른 사람들에게 말해주기 어렵다. 말해준들 사람들은 또한 이해하지 못할 것이다. 날마다 스스로 즐기다가 자손에게 물려주는 것이 내 평생의 소망이다. 이같이 살다가 마치면 그뿐이리라.

장혼, 「평생의 소망平生志」

장혼은 집의 이름을 이이엄으로 정했다. 이이엄은 '그뿐이면 족한 집'이란 뜻이다. 집의 이름을 당堂이나 재齋가 아닌 엄广으로 붙인 것도 독특하고 이이而已라는 뜻을 붙인 것도 흥미롭다. 이 말은 당나라 시인인 한유의, "허물어진 집, 세 칸이면 그뿐"이라는 구절에서 가져왔다. 이이는 '~일 뿐'이란 뜻으로 그 정도면 충분하다는 의미이다. 덥든지 춥든지 배고프든지 배부르든지 그 어떤 상황에도 개의치 않는 것이다. 이를 자족이라고 한다. 바라는 것이 이루어졌을 때라야 흡족해하는 것이 만족이라면 자족은 어떠한 형편이든지 긍정하는 삶의 태도이다. 장혼은 자족하며 살다가 생을 마치면 그뿐, 더 이상의 욕심은 바라지 않았다. 단출한 집에서 지금 갖고 있는 것을 즐기며 살아가는 것, 그것이 장혼이 평생 소망한 삶이었다.

그러나 집은 금세 마련하지 못했다. 집을 짓기 위한 비용인 삼백관을 마련하지 못해 십년 동안 돈을 모아 간신히 집을 장만했다. 비록 비바람을 가리지도 못할 정도로 누추한 집이었지만 그는 다음과 같이 읊었다.

> 울타리 옆 아내는 절구질하고, 나무 아래 아이는 책을 읽는다. 사는 곳 못 찾을까 걱정 마시게. 여기가 바로 내 집이라네.
>
> 장혼,「답빈答賓」

일흔의 나이로 세상을 떠나기 이전 해에 그는 "굶주림과 배부름, 추위와 더위, 죽음과 삶, 재앙과 복은 운명을 따르면 그뿐이다."라는 말을 남겼다. 그가 평생 동안 되뇐 말은 '그뿐'이었다.

장혼은 적게 가지고도 행복할 줄 아는 비결을 알았던

사람이었다. 그것은 '그뿐이면 되는' 삶의 태도에 있었다. 그는 욕망을 채우는 삶을 살지 않았다. 적으면 적은 대로, 부족하면 부족한 대로, 그저 주어진 조건과 환경을 수용하며 누릴 줄 알았다. 목이 마르면 물을 마시고 배가 고프면 밥을 먹으면 그뿐이었다. 아주 작은 것 하나도 행복의 조건으로 삼았다. 남의 것을 부러워하는 대신 내가 가진 것을 자족했다. 적게 소유하고 가진 것에 집중하는 미니멀 라이프의 삶을 살다 갔다. 남이 뭐라 하든 장혼 스스로는 참 행복했을 것이다.

물론 인간은 끊임없이 욕망하는 존재이니, 욕망을 없앨 수도 없거니와 무조건 욕망을 없애는 것만이 능사는 아닐 것이다. 그러나 나그네처럼 살다가 빈손으로 떠나가는 것이 인생이다. 한번 떠나면 그뿐인데, 평생 남의 욕망을 욕망하다가 가버리기엔 삶이 아쉽다. 내가 가진 것을 다 누리지도 못하면서, 남의 것만 욕망하며 살다 간다. 그뿐이면 되는 삶인데, 우리는 너무 많은 것을 욕망하며 사는 것은 아닐지.

바라는 것이 이루어졌을 때라야
흡족해하는 것이 만족이라면
자족은 어떠한 형편이든지
긍정하는 삶의 태도이다.

잃어버린 나를 찾아서

인간답게 살겠노라고 굳게 다짐해도 자신을 지키며 살기란 쉽지 않다. 세상은 끊임없이 내게 무엇이 되라거나, 무엇을 해야 좋다고 요구한다. 세상이 요구하는 가치에 맞추어 살 것인가, 나 자신의 양심을 지키며 살아갈 것인가? 이 물음에 선뜻 답하기란 쉽지 않다. 이와 같은 상황에 직면하여 '나를 찾자'고 주장한 사람이 있다.

혜환惠寰 이용휴李用休는 남인계의 학자로, 실학의 시조인 성호星湖 이익李瀷의 조카이기도 하다. 본래 명문가 집안이었으나 큰아버지로 인해 역적의 집안으로 내몰린 후, 과감히 벼슬길을 포기하고 평생 재야의 학자로 살았다. 그는 성공과 권력의 길을 걷는 대신, 문학을 존재 증명의 방편으로 삼아 실험적이고 독창적인 문학 세계를 열어갔다. 새로운 세계를 꿈꾸는 젊은이들이 그에게 몰려들었고, 당시에 연암燕巖 박지원朴趾源과 쌍벽을 이루는 문단의 큰 학자로 자리매김하게 되었다.

특히 혜환은 '나'에 대해 관심이 참 많았다. 나는 누구이며 어떻게 살아가야 하는지를 깊이 고민했다. 그러고는 남의 눈치를 보지 말고 당당하게 자신을 믿고 살기로 결심했다. 어느 날은 제자인 신득령申得寧이 혜환에게 '나를 찾는 방법'을 물었다. 혜환은 그런 그를 위해 자신의 삶을 들려주며, 환아還我란 자를 지어주고 참된 나로 돌아가라고 당부했다.

> 옛날의 나, 어릴 때는 내면이 순수했지. 지각이 생기면서 해치는 것들이 마구 일어났네. 식견이 해로움이 되고 재능도 해로움이 되었지. 마음과 일이 타성에 젖어들자 갈수록 벗어날 길이 없었네. 게다가 다른 사람들이 나를 떠받들며 아무 어른, 아무 공公 하면서 극진히 떠받들어 무지한 사람들을 놀라게 했지. 본래의 나를 잃어버리자 참된 나도 숨어버렸네. 일 꾸미기를 즐기는 자들은 내가 나를 잃은 틈을 노렸지. 오래 떠나 있으니 돌아가고픈 마음이 생겼네.

> 꿈 깨자 해가 뜨듯이 몸 한 번 휙 돌이키니 이미 집에 돌아왔다네. 주변 모습은 달라진 것 없지만 몸의 기운은 맑고 편안하였지. 차꼬 풀고 굴레 벗자 오늘에야 새로 태어난 듯하였지. 눈도 더 밝아진 게 아니고 귀도 더 밝아지지 않았으니, 다만 하늘이 준 눈과 귀의 밝음, 처음과 같아졌을 뿐이네. 수많은 성인은 지나가는 그림자, 나는 나로 돌아가길 원할 뿐. 갓난아이나 어른은 그 마음 본래 하나라네. 돌아와도 신기한 것 없지만 딴생각 내달리지 않으리. 다시 떠난다면 영원히 돌아올 기약 없다네. 분향하고 머리 숙여 천지신명께 맹세하노니 이 한 몸 마치도록 나는 나와 함께 살아가리.
>
> 이용휴, 「나로 돌아가자還我箴」

이 글의 제목인 '환아還我'는 나로 돌아간다는 뜻이다. 왜 나로 돌아가라고 당부하는 것일까? 신득녕은 무척 가난했다. 남의 자녀를 가르치는 글방 선생, 숙사가 되었다. 숙사는 학생의 수업료로 먹고산다. 가난하고, 자존감이 낮은 직업이라 생활이 늘 불안정하고 남의 눈치를 봐야 한다. 그러나 그는 구차하게 돈에 매달리거나 권세가와 어울리지 않았다. 혜환은 그런 제자를 격려하며, 헛된 명예를 구하다가 참된 자신을 잃어버렸던 과거를 들려준 것이다.

나는 왜 나답지 못하게 되는 걸까? 초심을 잃어버린 탓이다. 입신양명하여 가문의 명예를 높이라는 요구 앞에서 혜환도 출세를 꿈꾸었을 것이다. 이득을 취하려는 자들이 그의 재능과 재주를 추켜세우며 빌붙는다. 출세와 명성을 좇아 살다 보니 욕망 덩어리인 나가 되어 있다. 사람들의 열광에 취해 남의 시선에 연연하며 살다가 점점 처음의 나를 잃어버렸다. 앞만 보며 달려온 어느 날 문득 공허한 나를 보았다. 나는 누구인가? 남들의 욕망을 따라 사는 '가짜 나'가 보였다. 돌이켜 예전의 나, 본래의 나로 돌아가고 싶어졌다. 그리하여 욕심 없던 나, 순수했던 초심으로 돌아가자고 결심했다.

그리하여 혜환은 본래의 나로 돌아왔다. 남의 욕망을 좇던 나에게서, 내면의 소리를 따르는 나로 돌아왔다. 삶은 예전과 다름없지만 마음은 평화롭고 편안하다. 수많은 위인은 다 지나가버린 과거의 그림자일 뿐, 애써 좇으려 할 것 없다. 나는 나일 뿐이니 나로 돌아가면 그뿐이다. 그리하여 그는 천지신명에게 맹세한다. 죽을 때까지 평생토록 본래의 나를 지키며 살겠노라고.

세상은 나에게 성공과 출세를 향해 달려가라고 유혹한

다. 성공하기 위해선 수단과 방법을 가리지 말라고 속삭인다. 위선의 가면을 쓰고 해코지를 하며 남을 밟고 넘어간다. 나의 세속적 성공은 남의 실패를 딛고 올라선 것이다. 치열한 경쟁 사회에서 낙오되지 않기 위해 아등바등 살아야 하는 건 지금이나 그때나 비슷했나 보다.

그러나 반성하는 한 지식인은 위선의 가면을 벗어던지고 참된 나로 살아가겠다고 다짐했다. 그리하여 혜환은 그 누구도 따를 수 없는 자신만의 아름다운 언어를 펼쳐내며 '나 찾기'를 추구한 기이한 작가로 우뚝 섰다.

우리가 현실을 살아간다는 것은 욕망하는 나와 본래의 나가 끊임없이 충돌하며 중심을 잡아가는 과정이다. 욕망하는 나는 세상의 가치에 맞추어 살라고 유혹한다. 본래의 나는 나의 목소리를 지키며 살아가라고 격려한다. 그럴 때 나는 어떻게 살아야 하나? 세상이 요구하는 가치를 따라 살다 보면 끊임없이 '남의 시선에 맞춰 사는 나'가 있을 뿐이다.

그러나 나는 나일 뿐이다. 누구도 내 안의 주인이 될 수는 없다. 나의 주인은 오직 나뿐이다. 남들이 성공이라고 부르는 것, 남들이 행복이라고 말하는 것에서 벗어나 나의 행복은 무엇인지, 내가 좋아하는 것은 무엇인지 나의 목소리에 가만히 귀를 기울여본다.

나는 천지신명에게
맹세한다.
죽기까지 평생토록
본래의 나를 지키며
살겠노라고.

망연자실의 참뜻

글 쓰는 사람은 글을 잘 쓰는 사람의 능력을 닮고 싶다. 나보다 뛰어난 글쓰기 실력을 갖추고 있는 작가의 글을 읽다 보면, 저 사람은 나와는 수준이 다르니 내가 따라갈 수 있는 존재가 아니라는 생각이 든다. 내가 어떻게 감히 톨스토이니 헤밍웨이 같은 사람이 될 수 있단 말인가? 그런데 한 문장가는 그렇게 생각해서는 안 되며 망연자실茫然自失의 마음을 품어야 한다고 말한다.

항해沆瀣 홍길주洪吉周는 명망가의 자제로 태어났음에도 진작부터 벼슬길을 포기하고 평생을 글쟁이로 살다 갔다. 얼마나 글쓰기에 오롯이 매달렸던지 그는 꿈속에서도 글을 썼다. "나는 꿈속에서도 종종 시문을 짓곤 한다"라고 고백하며, 꿈속의 내용을 기억해 기록에 남겼다. "저녁 바람 강 언덕을 돌아나가고, 희끗한 눈산 연못에 떨어지누나"라는 구절은 그가 꿈속에서 썼다는 시구이다.

항해는 연암 박지원을 가장 존경하고 흠모했다. 연암이 죽은 지 23년째 되던 어느 날, 우연히 친구로부터 『연암집』을 구해 읽고 나서 연암의 매력에 푹 빠졌다. 그 뒤 평생 자신의 글이 '연암의 글처럼 되기'를 꿈꾸었다. 거울을 꺼내 자신을 들여다보다가 연암의 글을 읽으면 그 글이 지금의 자신이라고 고백했다. 연암의 글을 읽으면 지금의 항해 자신이고 이듬해 연암의 글을 읽어도 또 이듬해의 자기 모습이라고 했다. 여느 작가라면 존경하는 마음에 머물렀을 테지만 그는 연암의 글을 따라잡기 위해 날마다 부단히 노력했다.

어느 날 지인과 글쓰기에 대해 이야기를 나누다가 "사람이 글을 알면서도 크게 진보하지 못하는 것은 뱃속에 네 글자가 없기 때문이다"라고 말했다. 친구가 무슨 글자냐고 묻자 항해는 "망연자실"이란 네 글자라고 대답했다. 망연자실은 '황당한 일을 당하거나 어찌할 줄을 몰라 정신이 나간 듯이 멍함'이란 뜻이다. 인간의 상식으로 도저히 받아들일 수 없는 놀라운 일이 벌어지면 정신이 아득해져 멍해지는 것이다. 그런데 항해는 이 말을 자신만의 뜻으로 바꾸어 이야기한다.

> 지금 사람 중에 동시대 사람의 훌륭한 작품을 보고, 온전히 그 묘함을 깨닫지 못하는 자는 말할 것도 없거니와, 깨달음에 이른 자 또한 단지 칭찬하여 감탄할 뿐, 망연자실의 기색이 있는 것은 보지 못하였다. 이는 그 마음이 반드시 결단코 미칠 수 없다고 스스로 구획 지은 것일 뿐이다. 만약 그 마음을 떨쳐서 "저 사람과 나는 나이가 그다지 차이 나지 않고 재주도 크게 멀지 않다. 저 사람이 배운 것은 모두 내가 읽은 것이고, 저 사람이 하는 말은 다 내가 아는 것이다. 어찌 저 사람만 홀로 조화의 신묘함에 놀라고 나는 능하지 못하겠는가"라고 한다면 글자마다 구절마다 내가 말한 망연자실의 경계가 아님이 없을 것이다. 이렇게 하면서도 크게 진보하지 못하는 자는 아직까지 없고, 이와 같이 하면서도 마침내 저 사람이 이른 곳에 이르지 못한 자도 아직 없다.
>
> 홍길주, 『**수여난필속**睡餘瀾筆續』

홍길주에게 '망연자실'의 의미는 상대방의 실력에 기죽지 않고 분발하여 따라가려는 마음이다. 보통의 문인은 저명한 작가에 대해 저 사람은 특별한 재능을 가진 사람이므로 내가 닮고 싶다고 해서 따라갈 수는 없다며 지레 한계를 긋는다. 그러나 항해는 그러면 안 된다고 말한다. 아무리 뛰어난 작가일지라도 '저 사람과 나는 나이 차도 적고 재주도 크게 차이 나지 않는다. 저 사람이 배운 것과 하는 것은 내가 다 아는 것이다. 어찌 저 사람만 신기한 재능을 갖고 있어야 하겠는가?'라고 생각하며 그 사람을 따라잡으려고 애쓸 때 배움의 진보가 이루어진다. 남의 재능을 시기해서 이길 마음을 품는 것은 나쁜 생각이다. 하지만 스스로 미치지 못한다고 지레 한계를 긋고 분발할 줄 모르는 사람보다는 낫다는 것이다. 그는 현재의 상태에 안주하는 자를 싫어했다. 지금보다 더 나은 내일, 지금의 나보다 더 나은 나, 나보다 더 뛰어난 자를 따라잡으려 애쓰는 자가 되어야 한다고 생각했다.

　　사람은 매일매일 더 나은 내가 되려고 애쓸 때 비로소 진보할 수 있다. 나이 쉰이 넘고 예순이 되었다고 해서 배움이 끝난 게 아니다. 나와 같은 길을 걷고 있으면서 나보다 앞선 길을 걸어간 사람, 그 사람을 목표로 삼아 따라잡으려고 애쓰다 보면 언젠가는 그 사람의 자리에 서 있을지도 모를 일이다.

스스로 미치지 못한다고
지레 한계를 긋고
분발할 줄 모르는 사람보다는
상대를 이길 마음을
품는 게 더 낫다.

마음에 꼭 드는 날에

인생은 남을 먼저 떠나보내다가 종국에는 내가 먼저 떠나가는 것이다. 그 사이에 그윽한 슬픔을 간직한 채 죽음의 두려움을 애써 잊으며 때로는 관계의 상처로 아파하고 때로는 생계 걱정에 잠 못 이루고 때로는 불행한 일을 겪으며 괴로이 살아간다. 간혹 기쁘고 즐거운 일도 있었겠지만, 삶에서 온전히 기뻤던 날은 얼마나 될까?

이덕무는 마음에 꼭 드는 하루를 경험한 사람이다. 서얼이었던 그는 무척 가난한 삶을 살았다. "낙숫물을 맞으면서 헌 우산을 깁고, 섬돌 아래 약 찧는 절구를 안정시켜 두고, 새들을 문생門生으로 삼고 구름을 친구로 삼는다"라는 고백에서도 알 수 있듯이 가난과 병치레는 이덕무의 일상이었다.

그런 그에게 살아가는 힘을 준 것은 책이었다. 이덕무는 이른바 책 미치광이였다. 그는 단 하루도 손에서 책을 놓아본 적이 없었다. 덥든지 춥든지 병들든지 건강하든지 오로지 책을 읽었다. 이덕무에게 책 읽기는 삶의 원동력이자 자신의 정체성을 증명해주는 행위였다. 지극한 슬픔이 몰려와 더 이상 살고 싶은 희망조차 사라질 때, 그를 일으켜준 것도 책이었다.

> 슬픔이 닥치면 사방을 둘러보아도 막막해서 그저 한 치 땅이라도 뚫고 들어가고 싶고, 살고 싶은 생각이 손톱만큼도 없어진다. 다행히 나는 두 눈이 있어 글자를 배울 수 있었다. 한 권의 책을 들고 마음을 위로하다 보면 조금 뒤엔 절망스러운 마음이 조금씩 안정된다. 만일 내가 온갖 색을 볼 수 있다 해도 책을 읽지 못하는 까막눈이라면 앞으로 어떻게 마음을 다스릴 수 있겠는가?
>
> **이덕무, 「이목구심서**耳目口心書」

이덕무가 스물두 살이던 늦여름, 비록 허름한 작은 집이었지만 뜰에는 아홉 그루의 복숭아나무가 있었다. 복숭아나무는 모두 처마 높이와 비슷하게 자랐다. 찌는 듯한 더위가 가시고 제법 시원한 바람이 불어오자 이덕무는 아이의 손을 잡고 그늘진 복숭아나무 아래에 섰다. 그날의 경험을 그는 다음과 같이 썼다.

> 뜰에 아홉 그루 복숭아나무가 있는데 높이가 처마와 나란하다. 시원한 바람이 불어오자 서늘한 그늘을 드리웠다. 아이 손을 잡고 그 나무 아래로 가 나뭇잎을 따다 붓을 들어 마음 내키는 대로 글씨를 썼다. 해가 저물어 마루로 돌아와 문득 돌아보니 미소가 번졌다. 그제야 비로소 마음에 맞는 일을 하기가 쉽지 않음을 깨달았다. 한평생을 두고 말하더라도 마음에 꼭 맞는 날을 얻기는 매우 힘들다. 좋은 수레를 타고 진수성찬을 먹는 사람도 때때로 근심 걱정은 있기 마련이다. 일 년 아니 한 달에 마음에 딱 맞는 날이 얼마나 될까? 비록 하루라도 마음에 딱 맞기는 참 어렵다. 부럽구나! 세상에 달관한 지인至人은 재앙도 근심도 없이 하늘 밖에서 구름처럼 노닐며 마음에 딱 맞게 살아가다가 일생을 마치겠지. 임오년1762 6월 21일, 거주하는 집의 첫째 복숭아나무 아래에서

> 붓 가는 대로 쓰다.
>
> 이덕무, 「만제정도漫題庭桃」

이덕무는 나뭇잎을 몇 개 따서 붓으로 내키는 대로 글씨를 썼다. 아이에게도 따라 쓰게 하고, 그림도 그려보게 했다. 나뭇잎은 얼마든지 있었다. 그날 이덕무는 아이와 함께 해가 뉘엿해질 때까지 평화로운 시간을 즐겼다. 저물녘 마루에 앉아 아이와 함께한 하루를 생각하니 배시시 웃음이 새어 나왔다. 실로 지금껏 느껴보지 못한 마음에 딱 맞는 날이었다. 시원한 복숭아나무 아래서 아이와 함께 보낸 참 좋은 날의 하루는 그의 인생에서 잊기 힘든 추억 하나를 새겨주었다.

그러다가 이덕무는 문득 어떤 서글픔이 몰려왔다. '오늘처럼 마음에 꼭 드는 날이 얼마나 될까?' 세상은 그에게 소소한 일상의 즐거움도 내어주지 않았다. 서얼 출신인 그에게 세상은 차별의 시선을 보냈으며, 학문이 뛰어났음에도 관직의 길을 열어주지 않았다. 지독한 가난 속에 그와 가족들은 잦은 병치레에 시달렸고, 어느 날은 자신이 가장 아끼던 『맹자』를 팔아 쌀을 사기도 했다. 어느 늦은 여름날, 아이와 마음에 꼭 드는 날을 경험한 이덕무는 근심과 재앙에 얽매이지 않는 지인의 삶을 소망했다.

젊은 날의 이덕무는 가난과 병치레로 점철된 삶이었지만 그렇다고 해서 가난을 부끄러워해 감추거나 가난에 짓눌리지는 않았다. 가난을 죄로 여기게 하는 건 근대 자본주의 사회의 산물일 뿐, 고전 시대 선비들에게 가난은 삶의 충분조건이었다. 그는 "하늘이 우리를 생겨나게 했을 때 이미 가난할 빈貧 자 한 글자를 점지해 주었으니 거기서 도망할 길도 없거니와 원망할 것도 없습니다"라고 말했다.

이덕무는 가난과 함께하는 법을 알았고, 그 가운데서 스스로 만족하는 법을 알았다. 나아가 가혹한 삶의 조건을 성장의 동력으로 삼아 약자에 대한 공감 능력을 키웠다. '가난해서 반 페미의 돈도 저축할 수 없는 처지였음에도 가난에 시달리는 천하 사람들을 위해 은택을 베풀 것을 생각'하는 삶을 살았다. 그는 가난 속에서도 스스로 즐기는 맑은 선비였다. 차별 없는 세상을 꿈꾸었던 평화주의자였고, 갈매기와 귀뚜라미를 사랑한 진정한 생태주의자였다.

근래 본 한 드라마에서, 치매에 걸려 기억을 잃어가는 어머니에게 백발이 성성한 아들이 물었다.

"어머니는 살면서 언제가 제일 행복하셨어요?"

"대단한 날은 아니고, 나는 그냥 그런 날이 행복했어요. 온 동네에 다 밥 짓는 냄새가 나면 나도 솥에 밥을 안쳐놓고 그때 막 아장아장 걷기 시작했던 우리 아들 손을 잡고 마당으로 나가요. 그럼 그때 저 멀리서부터 노을이 져요. 그때가 제일 행복했어요. 그때가."

　　삶은 언제나 고되고 앞날은 늘 근심스럽다. 오늘의 우리는 연애, 결혼, 출산의 세 가지를 포기한다는 3포 세대를 넘어, 더 많은 것을 포기해야 한다는 N포 세대라는 말을 들으며 살아간다. 행복한 삶은 사치처럼 들린다. 그러나 행복은 크고 거창한 것에 있지 않다. 세상은 큰 집에 살고 큰 차를 타고 큰 힘을 가져야 행복할 수 있다고 주입한다. 남들이 집어넣은 큰 행복이 아닌, 내 안에서 우러나오는 진짜 행복은 언제나 가까이에 있었다. 다만 그날을 깨닫지 못하고 지나쳤을 뿐이다. 슬플 때는 책을 읽으며 나뭇잎에 글씨를 쓰는 데서 행복을 느낄 줄 알되, 이웃과 사회를 돌아보는 삶을 소망한 이덕무의 삶은 진정한 소확행의 의미를 되새기게 한다.

인생은 남을
먼저 떠나보내다가
종국에는
내가 먼저 떠나가는 것이다.

마음으로 보아라

눈과 귀를 비롯한 감각기관은 세계를 얼마나 객관적으로 인식하는 것일까? 눈으로 앞을 보지만 자신의 뒤통수는 보지 못한다. 우리는 개가 '멍멍' 짖는다고 말하지만, 서양인은 '바우와우'라고 하고 중국인은 '왕왕汪汪'이라고 표현한다. 재래식 화장실에 들어가면 처음엔 역한 냄새가 코를 찌르지만 십 분 후엔 아무 냄새가 나지 않는다. 냄새가 나지 않는 것이 아니라 냄새가 코에 익숙해져 냄새가 없는 것처럼 코가 착각하는 것이다. 인간의 감각기관은 많은 한계를 갖고 있다. 중세 시대의 한 지식인도 눈과 귀가 실체를 그릇되게 인식하므로 제대로 보고 올바로 들어야 한다고 생각했다.

연암 박지원은 마흔네 살 때 중국 건륭제乾隆帝의 일흔 살 생일을 축하하는 사절단에 참여하여 중국을 경험할 기회를 얻게 되었다. 청나라의 건륭제는 북경에서 사백 여 리 떨어진 열하熱河에서 피서를 즐기고 있었고, 사절단은 황제의 고희연에 늦지 않기 위해 하룻밤에 강을 아홉 번 건너는 강행군을 했다. 시절은 바야흐로 장마철이었다. 빗물이 섞인 강물은 뿌연 빛이었고 강물 소리는 성난 듯 울부짖는 듯했다. 낮에 건널 때는, 시뻘건 흙탕물이 산더미같이 밀려오는 광경에 겁을 먹은 일행은 아예 고개를 쳐들고 하늘을 우러러보며 건넜다. 밤에 건널 때는 뿌연 흙탕물은 보이지 않는 대신 무시무시한 강물 소리가 고스란히 귀로 전해졌다. 건너는 사람들은 하나같이 바들바들 떨었다. 박지원은 그의 작품 「일야구도하기一夜九渡河記」에서 이때의 상황을 "마치 물 밑에 있던 물귀신들이 앞다투어 나와 사람을 놀리려는 것 같고 양옆에서는 용과 이무기가 낚아채 붙들려는 것 같다"라고 표현했다. 강을 건너다가 휩쓸려 죽을 것만 같다는 생각이 드는 순간, 연암은 다음과 같은 진리를 깨닫는다.

> 나는 이제야 도道를 알았다. 명심冥心하는 사람, 즉 마음을 잠잠하게 하는 자는 귀와 눈이 해로움이 되지

않고, 귀와 눈만을 믿는 자는 보고 듣는 것이 더욱 밝아져서 병통이 되는 것이다. 오늘 내 마부가 말발굽에 발이 밟혀 뒷수레에 그를 실었다. 나는 손수 말의 고삐를 풀어 강물에 뜨게 한 다음 두 무릎을 오므리고 발을 모아 안장 위에 앉았다. 한 번 추락하면 바로 강바닥이다. 강으로 땅을 삼고, 강으로 옷을 삼으며, 강으로 몸을 삼고, 강으로 성정(性情)을 삼으리라 생각하며, 한 번 떨어질 것을 마음으로 각오했다. 그러자 내 귓속에는 강물 소리가 들리지 않게 되었다. 무려 아홉 번이나 건넜는데도 아무런 걱정이 없었다. 마치 침대 위에서 앉았다 누웠다 일어섰다 하는 것 같았다.

박지원, 「일야구도하기」

삶과 죽음의 기로에 선 위태로운 순간에 그는 새로운 진리, 곧 명심을 깨달았다. 눈과 귀를 믿지 않고 마음을 잠잠하게 하기로 결심했다. 그리하여 꽉 쥐고 있던 말고삐를 풀어버리고 오로지 말에 의지했다. 강을 땅이라 생각하고 강을 몸이라 여겼다. 그러자 귓속에는 아무 소리도 들리지 않았고 두려운 마음이 싹 사라져버려 무려 아홉 번이나 강을 건넜는데도 잠

자리에서 누웠다 일어섰다 하는 것 같은 편안함을 경험했다.

글에서 명심의 '명冥'은 '어둡다'라는 의미로, 곧 명심은 마음을 잠잠하게 한다는 뜻이다. 원래는 명상할 때 나와 사물의 구별이 사라지고 절대적인 정신의 자유를 누리는 마음 상태를 가리킨다. 연암은 이를 자신만의 뜻으로 바꾸어 '눈과 귀 때문에 생긴 편견과 선입견을 없애고 사물을 보는 마음'이란 의미로 사용하고 있다.

명심하는 자의 정반대가 귀와 눈만을 믿는 자이다. 이런 사람은 보이는 것만 믿고 들리는 대로 믿는다. 이 세상은 내 눈이 닿지 못하는 현상이 너무 많으며 왜곡된 소리, 가짜 뉴스로 가득하다. 내가 눈으로 바라보는 세계가 이미 특정한 의도로 만들어져 있기도 하다. 상식으로 알고 있던 지식이 반드시 진실인 것도 아니다. 우리는 '개미와 베짱이' 우화를 통해 개미는 부지런한 동물이라고 믿고 있지만 전체 개미 가운데 일하는 개미는 고작 20퍼센트 남짓에 불과하다고 한다. '토끼와 거북이' 이야기처럼 느림의 대명사로 거북이를 떠올리지만, 거북이는 바다에 사는 생물이다. 바다에서는 인간보다 훨씬 빠르게 나아간다. 이처럼 일상의 지식도 특정한 의도에 의해 사실과 다르게 전해지는 경우가 많다. 눈과 귀를 통해 들어온 정보를 그대로 받아들이지 않고 주체적으로 판단할 때

실체에 가깝게 다가설 수 있다.

우리는 참과 거짓의 경계가 갈수록 모호해지는 포스트모더니즘 시대를 살아가고 있다. 프랑스의 철학자인 장 보드리야르Jean Baudrillard는 현대사회는 제품의 기능이 아닌 기호를 소비하게 될 것이라고 예견했다. 우리가 물건을 살 때는 제품이 얼마나 좋은지로 판단하는 것이 아니라 제품의 이미지와 권위로 구매를 결정할 것이란 의미이다. 복제가 원본을 밀어내고 진짜 행세를 하는 '시뮬라크르'의 상황 속에서 실재와 가상, 가짜와 진짜의 경계는 갈수록 사라지고 있다. 21세기는 미디어가 만들어낸 가짜 정보와 이미지가 더욱 늘어갈 것이다. 현실과 가상의 경계는 갈수록 사라질 것이고, 욕망을 좇는 인간들의 눈속임도 더욱 심해질 것이다. 나는 과연 세계를 얼마나 객관적으로 보고 들을 수 있을까?

이럴 때 눈과 귀를 믿지 말고 명심하라고 당부하는 연암의 말이 평범하지 않다. 파블로 피카소의 말도 연암의 생각과 다르지 않다. "그저 보지만 말고 생각하라. 표면적인 것 배후에 숨어 있는 놀라운 속성을 찾아라. 눈이 아니고 마음으로 읽어라."

눈과 귀 때문에
생긴 편견과 선입견을
없애고
선입견 없이
사물을 보는 마음이
필요한 때다.

처음을 삼가야

초두 효과라는 것이 있다. 맨 처음 들어온 정보가 나중에 들어온 정보보다 더 큰 영향을 미친다는 이론이다. 832643175처럼 쭉 늘어놓은 숫자가 있을 때 맨 처음의 숫자는 쉽게 기억에 남지만 중간 이후의 숫자는 기억에 남지 않는다. 인간의 기억력은 한계가 있어서 생기는 현상이다. 이는 물리적 현상에만 국한되지 않는다. 사람의 인식 자체를 바꿔놓기도 한다. 어떤 이에 대한 똑같은 정보를 제공해도 무엇을 먼저 제시하느냐에 따라 그 사람에 대한 인식이 완전히 달라진다.

예를 들어 누구를 소개할 때 "그 사람은 성실하고 똑똑하며 창의력이 있고 고집이 세고 질투심이 많다"라고 말하는 것과 "그 사람은 고집이 세고 질투심이 많으며 똑똑하고 창의력이 있다"라고 말하는 것은 다르다. 긍정적인 요인을 먼저 제시한 첫 번째 경우는 호의적인 인상을 갖는 반면, 부정적인 요인을 먼저 제시한 두 번째 경우는 그 사람에 대해 부정적인 느낌을 받는다. 사람은 모든 정보를 기억할 수 없기에 간단하게 정보를 정리하려는 경향이 있는데, 이때 일관성을 유지하는 것이 편하므로 이질적인 정보는 편집해버리는 것이다. 결국 처음 접한 정보와 비슷한 이미지만이 기억에 남는다. 첫인상이 무서운 이유이다.

> 처음에 무겁게 보이면 평상시의 행동도 사람들은 무겁게 본다. 처음에 모욕을 당하면 넘어갈 만한 일도 사람들은 모욕한다. 처음에 사랑을 받으면 잘못된 일을 해도 사람들은 사랑하고, 처음에 미움을 받으면 예쁜 짓을 해도 사람들은 미워한다. 사람이 그 처음을 삼가지 않을 수 있겠는가.
>
> 홍길주, 「수여난필睡餘瀾筆」

처음 받은 인상이나 느낌은 쉽게 바뀌지 않는다. 그러므로 첫인상, 첫 행동, 첫 시작이 중요하다. 홍길주의 말도 처음의 중요성에 대해 되새기고 있다. 어떤 사람에 대해 신중하다는 느낌을 받으면 그 사람의 평소 행동도 무게 있고 점잖아 보인다. 첫인상이 마음에 들면 좋지 못한 행동도 용서가 되지만, 첫 만남에 미운털이 박히면 괜찮은 행동도 나쁘게 해석한다. 어떤 사람이 똑 부러지게 말했을 때, 호감이 생기면 그가 똑똑하고 현명하다고 생각하지만 반대의 경우는 그가 차갑고 잘난 체한다고 생각한다. 똑같은 상황을 두고도 처음 굳어진 인상 때문에 전혀 다른 해석을 낳는다.

실제로는 사람을 오래 겪다 보면 처음의 인상은 바뀌기도 하고, 첫인상이 그 사람의 본래 모습과 달리 당황스러울 때도 많다. 오히려 한결같고 소박한 사람보다 남에게 잘 보이려고 애쓰는 사람이 첫인상이 좋은 경우도 많다. 우리가 상대를 볼 때는 이런 첫인상의 맹점을 조심해야 하지만, 사람들의 일반 심리가 그렇다면 나 역시 처음의 행동거지를 삼가는 수밖에 없다.

비단 이미지만 처음이 중요한 것은 아니다. 일할 때도 처음이 중요하다. 『역위易緯』에 "군자는 처음을 삼가야 하니, 털끝만 한 차이로 천 리가 어긋난다"라고 했다. 처음엔 눈에 보이지 않을 만큼 사소한 차이가 나중에는 천 리나 되는 차이로 벌어진다. 사람을 대할 때든, 일을 대할 때든 처음을 삼가야 한다.

사람을
대할 때만
처음이
중요한 것은 아니다.
일할 때도
처음이 중요하다.

맑은 거울같이, 고요한 물처럼

"하늘을 우러러 한 점 부끄럼이 없기를, 잎새에 이는 바람에도 나는 괴로워했다."

욕망의 시대를 살아가는 오늘날, 순결한 양심을 떠올릴 때면 윤동주의 「서시序詩」가 떠오른다. 윤동주는 아주 작은 유혹에도 부끄러움을 느끼는 맑은 영혼이었다. 유혹에 흔들리지 않는 삶이 어디 있겠는가마는 흔들릴 때마다 고요하고 맑은 마음을 붙들 때 인간다움을 회복하고 내 삶의 주인으로 살아갈 것이다.

깨끗하면서 부정과 부패가 줄어드는 세상으로 나아가기 위해 꼭 필요한 마음 태도가 청렴이다. 청렴은 맑고 깨끗하며 재물 따위를 욕심내지 않는 마음이다. 잡념과 허욕이 없는 깨끗한 마음을 뜻하는 명경지수明鏡止水는 사심 없고 공평한 마음 자세의 중요성을 일깨워준다.

맑은 거울이란 뜻의 명경은 『장자莊子』의 「덕충부德充符」에 나온다. 신도가는 형벌을 받아 한쪽 발이 잘린 사람이다. 그는 정 나라의 대신인 자산과 함께 같은 스승을 모시고 있었다. 자산은 불구와 함께 다닌다는 말이 듣기 싫어서 신도가에게 말했다.

"내가 먼저 나가면 자네가 남아 있게. 자네가 먼저 나가면 내가 남아 있겠네."

하지만 다음 날 두 사람은 한집에서 만나 한자리에 앉게 되었다.

자산이 신도가를 깔보며 말했다.

"자네는 대신인 나를 보고도 피하려 하지 않네. 자네가 대신과 동등하단 말인가?"

이에 신도가는 그를 꾸짖었다.

"스승님의 문하에 본래 대신이라는 구별 따위가 있었던가. 자네는 대신이라는 직위를 내세워 남을 업신여기고 있네. 듣건대 거울이 맑으면 먼지가 끼지 못하고 먼지가 끼면 거울이 맑지 못하다네. 선한 사람과 오래도록 함께 있으면 허물이 없어진다고 했네. 세상에는 잘못을 변명하는 사람은 많으나 제 잘못을 인정하면서 그로 인해 받는 죄를 마땅하다고 생각하는 사람은 적네."

거울이 순전하게 깨끗하면 먼지가 달라붙지 못한다. 거울은 인간의 마음을 뜻한다. 마음이 맑은 사람에겐 나쁜 유혹이 가까이하지 못한다. 내 마음에 세상의 때와 욕망이 달라붙으면 검은 손길이 몰려들고 본래의 순수한 나를 해친다. 본래의 나를 지키며 살아가려면 먼저 내 마음을 깨끗하게 닦아야 한다.

공자는 "선한 사람과 함께 있으면 지초와 난초가 있는 방으로 들어가는 것과 같아서 오래되면 향기를 맡지 못하게 되니, 그 향기에 동화되기 때문이다"라고 말한다. 맑은 사람, 선한 사람과 오랫동안 함께 지내면 지초와 난초의 향기에 동화된 사람이 된다.

고요한 물이라는 뜻의 지수에는 다음과 같은 이야기가 있다. 춘추 시대 노나라의 왕태는 형벌을 받아 한쪽 발이 잘린 선비였다. 하지만 그는 덕망이 높아서 그를 따라 배우는 자가 공자의 제자와 맞먹을 정도였다.

공자의 제자인 상계가 불만을 품고 공자에게 물었다.

"왕태는 외발이입니다. 그런데 그를 따라 배우는 자가

스승님과 반씩 가를 정도로 많습니다. 그는 어떤 사람입니까?"

"그는 성인이다. 나도 장차 스승으로 삼으려고 한다."

"그는 한쪽 발이 잘렸음에도 스승님보다 훌륭하다고 합니다. 그 마음가짐은 대체 어떤 것입니까?"

"그는 진리를 잘 깨닫고 있어서 사물과 함께 변하는 일이 없으며 사물의 변화를 운명으로 알고 그대로 따르면서도 도의 근본을 지켜나간다."

"그는 자기의 지혜로 자기 마음을 닦고 그것에 의해 자신의 본심을 깨닫습니다. 자기 자신을 위한 수양일 뿐인데도 세상 사람들이 그에게 모여드는 까닭이 무엇입니까?"

"사람은 흘러가는 물에는 자신을 비춰 볼 수가 없고 고요한 물이라야 자신을 비춰 볼 수 있다. 오직 고요한 것만이 고요하기를 바라는 모든 것을 고요하게 할 수 있다."

흘러가는 물에는 자신을 비춰 볼 수 없다. 고요한 물이라야 자신을 비춰 본다. 흘러가는 물은 세상의 욕망을 따라 욕심대로 사는 마음이다. 고요한 물은 잡념과 헛된 욕심이 없는 마음을 비유한 것이다. 먼저는 자신의 욕망을 비우고 그릇된 생각을 버려야 본래의 나를 지킬 수 있다. 그리하면 고요하기를 바라는 사람들이 그를 거울삼아 고요하게 된다.

조선 영조 때의 실학자 홍대용洪大容은 「자경설自警說」에서 다음과 같이 말했다. "나 자신부터 선해야 마땅히 좋은 사람은 좋아하게 되고 악한 자는 싫어하게 되어 선한 자는 자연히 가깝게 되고 악한 자는 절로 멀어진다. 어찌 다른 까닭이 있겠는가? 말하자면 돌이켜 내 자신에게서 구할 따름이다." 그의 말처럼 나 자신부터 선해야 좋은 사람들이 나를 보고 가까이 몰려온다.

남을 변화하도록 만드는 힘은 억지로 강요하는 데 있는 것이 아니라 나 자신이 바뀌는 데 있다. 깨끗한 사람과 함께 있으면 나 자신도 삿된 마음이 없어진다. 마중지봉麻中之蓬은 삼밭의 쑥대라는 뜻이다. 헝클어진 머리를 쑥대머리라고 하듯이 쑥대는 제멋대로 자란다. 그런데 쑥대를 삼밭에 심으면 곧게 자라는 삼을 닮아서 곧게 자라게 된다. 그 반대 의미가 먹을 가까이하면 검어진다는 의미의 근묵자흑近墨者黑이다. '나의 맑음'은 한 사람의 곧음을 의미하는 것이 아니라 주변 모두를 깨끗하게 만드는 힘을 지니고 있다.

나 자신을 돌아보고 성찰하는 일은 고통스럽다. 사람은 남의 눈의 티끌은 보여도 내 눈의 들보는 보이지 않는다. 원인을 나에게서 찾고, 내가 속한 공동체를 먼저 깨끗하게 하는 일에는 고통과 비난이 따르기도 한다. 그래서 손쉽게 남을 탓하는 것으로 자기의 잘못을 감추고, 남을 비난하는 것으로 자기 공동체의 잘못을 모면하려 한다.

　　그러나 나라는 거울의 먼지를 먼저 털어내고 내가 먼저 고요한 물이 되어야, 다른 티끌이 들어서지 못하고 고요하기를 바라는 사람들이 나를 보고 고요하게 된다. 윤동주가 순결한 영혼의 시인이 될 수 있었던 것은 먼저는 그 자신이 스스로 돌아보는 자아 성찰한 데 있었다. 세상을 바꾸는 강력한 힘은 먼저 나 자신부터 선한 사람이 되는 것이다.

남을 변화하도록
만드는 힘은
남을 억지로 강요하는 데
있는 것이 아니라
나 자신이 바뀌는 데 있다.

스스로 새롭게 하라

학기마다 수업을 시작할 때면 흥미로운 광경이 하나 있다. 대부분의 학생들이 첫 강의 때 앉았던 자리를 학기가 끝날 때까지 고수하는 것이다. 고정석으로 지정해준 것도 아닌데 앉는 자리는 늘 한결같다. 앞자리에 앉는 학생은 늘 앞자리에 앉고, 뒤에 앉는 학생은 항상 뒤에 앉는다. 한번은 짐짓 "왜 늘 똑같은 자리에만 앉는 거니?" 하고 물어보았다. 그랬더니 "다른 수업도 마찬가지예요"라는 답이 돌아왔다. 그리고 그 습관은 4년간 대학 생활 내내 한결같다고 한다.

연암 박지원은 습관이 오래되면 성품이 된다 말한다. '세 살 버릇 여든까지 간다'는 속담과 비슷한 맥락이다. 한 개인의 성격은 오래된 습관이 굳어져 만들어진 행동 방식이다. 공자는 「양화陽貨」편에서 '성품은 서로 비슷하나 습관이 서로 달라지게 한다'라고 했다. 환경과 경험의 차이에 따라 만들어진 습관이 다양한 성품의 사람을 만든다. 무엇을 보고 듣느냐가 그래서 중요하다. 그 경험이 습관을 만들고 습관은 성품으로 굳어진다. 심리학에서는 내가 진리라고 믿는 것은 오랫동안 반복되어 굳어진 습관과 경험의 결과물일 뿐이라고 말한다. 성호 이익은 습관의 위험을 다음과 같이 지적했다.

> 먹이 연판鉛板에 배어들어 여러 해가 지나면 씻기가 어렵다. 먹은 똑같은 색이라 오래된 것과 새 것의 구별이 없어 보이지만 오래 지나면 더욱 없어지지 않는다. 이로 보아 습관과 풍속도 바꾸기 어렵다는 것을 알겠다. 하지만 한 번 씻고 또 두 번 씻어 먹이 다 없어지도록 해야 한다. 씻기 어렵다고 내버려 두는 것은 잘못을 알면서 고치지 않는 것과 같다.
>
> **이익, 「먹이 오래되면 씻기 어렵다墨久難洗」**

먹이 벼루의 판에 오랫동안 배이면 완벽하게 씻어내기 어렵다. 습관도 마찬가지다. 머릿속에 어떤 이미지가 반복적으로 쌓이면 사실로 굳어지고, 어떤 행동이 반복적으로 이루어져서 익숙해지면 불편한 것도 편안하다고 여기게 된다. 굳어지고 익숙해진 것은 각인이 되어버려서 지우거나 없애기까진 시간이 오래 걸리고 에너지도 많이 필요하다.

그러나 예전의 습관, 예전의 태도, 예전의 생각을 그대로 놔두면 고정관념을 만들고 편견을 만들어 성장에 장애가 된다. 조금도 변하거나 발전한 데가 없는 것을 구태의연舊態依然하다 이른다. 구태와 구습舊習은 성장을 가로막는 큰 장애물이다. 율곡栗谷 이이李珥는 『격몽요결擊蒙要訣』, 「혁구습革舊習」에서 사람이 목표에 도달하지 못하는 것은 옛 습관 때문이라고 했다. 구습 가운데 일부는 다음과 같다.

- 마음가짐을 게을리하고 몸가짐을 제멋대로 하여 편하게 노는 것만 생각하고 속박당하는 것을 매우 싫어하는 것
- 항상 일을 꾸밀 생각을 하여 조용히 있지 못하고 분주하게 드나들면서 잡담으로 시간을 때우는 것
- 함께 어울리기를 좋아하고 다르게 행동하기를 싫어하여 무리 속에 빠져 지내는 것과 조금 행실을 삼가려 하다가도 남들에게 소외당할까봐 두려워

하는 것
- 할 일 없이 노는 사람들을 모아 바둑이나 장기를 두면서 종일 배불리 먹고 노름을 다투는 것
- 즐기고, 하고 싶은 것에 절제함이 없어 끊고 억제하지 못하면서 재물과 이익, 노래와 색(色)을 꿀맛처럼 여기는 것

이이, 「혁구습」

이 같은 옛 습관이 뜻을 굳지 못하게 하고 행실을 돈독하지 못하게 만들어, 오늘 한 일을 내일 고치기 어렵게 하고 아침에 뉘우치고서 저녁에 다시 저지르는 악순환을 되풀이한다는 것이다. 율곡은 마음을 단단히 먹고 단칼에 뿌리째 끊어버리듯 구습을 완전히 없애버려야 한다고 말한다.

나 자신을 새로운 사람으로 변화시키고 목표를 성공적으로 수행하려면 반드시 옛 습관과 옛 태도를 없애야 한다. 조선의 문인 김휴(金烋)는 「자경잠」에서 말한다. "옛것을 고쳐 스스로 새롭게 하라. 이 말을 실천하지 않는다면, 너는 너 자신을 버린 것이다."

옛것을 고쳐 스스로 새롭게 하라.
이 말을 실천하지 않는다면,
너는 너 자신을 버린 것이다.

다만 힘써 노력할 뿐

멀리 있는 것은 아름다워 보이고 가까이 있는 것은 평범해 보인다. 세 잎 클로버는 행복을, 네 잎 클로버는 행운을 상징하건만 사람들은 가까이 있는 행복은 놔둔 채 행운만 찾아 헤맨다. 그리하여 잡기 힘든 먼 것만 좇다가 제풀에 꺾여 낙담하거나 지치곤 한다.

그러나 『중용中庸』에서는 '멀리 가려면 반드시 가까운 곳부터 시작해야 한다'고 말한다. 먼 것은 가까운 것이 쌓인 것이다. 지금 이곳에서 성실하게 한 발 한 발 내딛다 보면 어느 사이 먼 곳에 닿아 있을 것이다. 중요한 것은 목표에 도달할 때까지 지치거나 포기하지 않고 끝까지 힘쓰는 마음이다. 다음의 말을 들어보자.

> 천리를 가는 것은 하루아침의 요행으로 가는 것이 아니라, 전진한 것이 점점 쌓인 것이다. 만약 길이 멀다고 해서 스스로 한계를 긋는다면 끝내 도달할 리 없다. 그러므로 "높은 산을 우러르며, 큰길을 가는구나"라는 『시경』의 시구에 대하여 공자가 탄복하기를 "『시경』에서 인仁을 좋아함이 이와 같구나. 길을 향해 가다가 중도에 그만두기 쉬운데, 몸이 늙는 것도 잊고 살아갈 햇수가 부족한 것도 알지 못한다"고 했던 것이다. 세상에는 참으로 발돋움하여도 미치지 못하는 경우는 있지만, 발돋움하지 않고서 미치는 경우는 보지 못했다. 그러므로 어떤 일을 행하거나 행하지 않는 것은 능력이고, 도달하거나 도달하지 못하는 것은 운명이다. 장차 운명에 대해서야 어찌하겠는가. 다만 힘써야 할 바를 힘쓸 따름이다.
>
> **이익, 「중용질서 서문**中庸疾書序」

성호 이익이 『중용』을 공부하다 떠오른 생각을 틈틈이 메모하며 정리한 『중용질서中庸疾書』의 머리말이다. 일이 벅차다고 해서 지레 단념하지 말고 한 발 한 발 꾸준히 내딛다 보면 아주 먼 곳까지 갈 수 있다는 메시지를 담고 있다. 설령 목표를 이루지 못했을지라도 그것은 하늘의 뜻, 곧 운명이지 나의 잘못은 아니다. 그러나 도전하지도 않고 지레 포기한다면 그것은 내가 책임져야 한다. 내게 주어진 일이기에, 내가 할 일이기에 나는 그저 내 일을 꾸준히 해나갈 뿐이다. 성호의 생애를 들여다보면 윗글의 의미가 더 분명하게 다가온다.

성호는 실생활에 도움이 되는 실용적 학문인 실학이라는 학풍을 앞장서서 이끈 인물이다. 성호는 배움에는 의문을 품는 것이 제일 중요하다고 생각했다. 옛 지식에 대해 아무런 의문도 내지 않는다면 자기 생각이 없는 것과 마찬가지라 했다. 대충 얼버무리며 넘어가서는 안 되며 모르고 지내는 것보다 따져서라도 밝히는 것이 옳다고 생각했다. 현실과 동떨어진 학문, 지식을 위한 지식을 배격하고 세상의 모든 현상에 대해 열린 태도를 지녔다. 그리하여 문학, 철학, 역사는 물론이거니와 천문, 지리, 역사, 제도, 수학, 의학 등 광범위한 분야에 걸쳐 뚜렷한 업적을 쌓았다.

하지만 그가 처음부터 뛰어난 재능과 성취를 보여준 것은 아니었다. 성호는 어려서부터 몸이 허약해서 열 살까지도 글을 배울 수 없을 정도였다. 그의 아버지는 성호가 태어난 바로 다음 해에 귀양지에서 세상을 떠났고 자신에게 글을 가르치던 둘째 형도 역적으로 몰려 감옥에서 비참하게 죽었다. 어머니마저 돌아가시자 조상으로부터 물려받은 재산을 종가에 돌려주고는 자발적인 가난을 선택했다. 일흔이 넘어서는 벼슬하던 아들마저 떠나보낸 후 반신불수가 되는 고통마저 겪어야 했다.

그러나 성호는 자신에게 닥친 시련을 새로운 다짐의 계기로 삼았다. 그는 벼슬의 길을 포기하는 대신 약자와 백성의 편에 서서 살아가기로 마음먹었다. 학문은 사회에 실제 도움을 주는 것이어야 한다고 생각하고, 고통받는 백성의 삶에 가슴 아파했다. 직업에 귀천이 없으니 양반도 벼슬이 없으면 농사를 지어야 한다고 했으며, 노비 신분을 점차로 해방해야 한다고 주장했다. 경세치용經世致用의 개혁 사상을 주장한 그의 아래로 많은 후학이 몰려들었고 성호학파를 형성하기에 이르렀다. 성호가 조선 후기 학술사에서 큰 업적을 남긴 것은 그가 천부적인 재능을 갖추고 있거나 요행으로 얻은 것이 아니었다. 앞길이 험난하다고 해서 한계를 긋거나 포기하지 않고 한 발 한 발 내딛다 보니 어느 사이 큰 성취에 이르게 되었다.

인생을 살다 보면 뜻대로 일이 풀리지 않거나 상황이

버겁다고 느낄 때 스스로 한계를 긋는 일이 생긴다. 그러나 처음부터 월등한 실력을 갖춘 사람은 없다. 모든 일이 순조롭게 술술 풀리는 일도 별로 없다. 천재라 불리는 사람들, 위대한 성취를 이룬 사람들도 처음에는 다 보잘것없는 재능을 갖고 있었고, 작은 일에서 시작했다. 하지만 차근차근 하나씩 밟고 올라가는 가운데 실력이 붙고 어떤 기회도 찾아온 것이다. 목표한 바를 이루었느냐 아니냐는 단순한 내 의지나 실력만의 문제는 아닐 것이다. 운이 따를 때도 있고 연이 작용하기도 하고 하늘이 돕기도 한다. 아무리 애써도 끝끝내 바라는 것을 이루지 못하기도 한다. 도달했느냐 아니냐는 운명인 것이다. 다만 나는 내게 주어진 일을 회피하지 않고 묵묵하게 힘써 해나갈 뿐이다.

내게 주어진 일이기에,
내가 할 일이기에
나는 그저 내 일을
꾸준히 해나갈 뿐.

2부

마음을 바꾸면 삶이 아름답다

삶의 태도를 바꾸는 길

책으로 이불 삼고

 겨울은 춥다. 겨울은 칼바람에 움츠린 어깨에서 시작하고, 잎을 다 떨어낸 주눅 든 은행나무에서 시작한다. 겨울은 많은 것을 얼리고 멈추게 한다. 서울역 노숙자의 몸을 얼리고 그리운 마음을 얼린다. 농부들은 일손을 멈추고 벌레들은 동면한다. 겨울은 겨울다워야 한다는 말은 누군가에겐 찐빵과 군밤을 연상하게 하고, 어떤 이에겐 즐거운 놀이를 떠올리게 한다. 하지만 누군가에겐 혹독한 견딤의 시간이기도 하다.
 옛사람은 어떻게 겨울을 났을까? 잘사는 양반들이야 어찌하든 훈훈한 겨울을 보냈겠지만 가난한 선비에게 겨울은 호락호락하지 않았다. 샘물처럼 맑은 선비, 이덕무의 겨울도 몹시 추웠다.

청장관靑莊館 이덕무는 평생을 매우 가난했으되 굴하지 않고 자기의 세계를 만들어간 사람이다. 청장관이라는 호는 자기 앞에 오는 물고기만 잡아먹는 새 이름을 뜻하는데 욕심 없이 살겠다는 마음가짐을 담고 있다.

이덕무는 온유하고 맑은 사람이었다. 키는 후리후리했고 비쩍 말랐다. 숫기가 없어 사람들과 잘 어울리지 못하는 대신 꽃과 새, 벌레와 아주 친했다. 장기나 바둑 등의 잡기는 전혀 못했으며 세상 물정에 도통 어두웠다. 오직 책 보는 것만 좋아해서 굶든지 병들든지 가리지 않고 책만 읽었다. 그는 책만 읽는 바보, 즉 간서치看書痴라고 자칭했다.

이덕무는 서얼이었다. 서얼은 대체로 가난했다. 그 역시 비좁은 단칸방에서 살았고 이사를 자주 다녔다. 햇빛이 들지 않아 어두운 탓에, 작은 창문에 해가 비치면 해가 비치는 방향을 따라가며 글을 읽곤 했다.

그에게 겨울은 혹독한 계절이었다. 젊은 나이, 스무 살의 겨울도 추웠다. 스물한 살과 스물두 살의 겨울을 그는 다음과 같이 기록했다.

지난 경진년과 신사년 겨울의 일이다. 내가 거처하던 작은 띳집이 몹시 추웠다. 입김을 불면 성에가 되곤 해, 이불깃에서 버석버석하는 소리가 났다. 내 게으른 성품으로도 한밤중에 일어나 창졸간에 『한서(漢書)』 한 질을 가지고 이불 위에 주욱 늘어놓아, 조금이나마 추위의 위세를 누그러뜨렸다. 이것이 아니었더라면 거의 얼어 죽은 진사도(陳師道, 송나라 때의 시인) 같은 귀신이 될 뻔하였다. 간밤에도 집 서북편 모서리로 매서운 바람이 쏘듯이 들어와 등불이 몹시 다급하게 흔들렸다. 한동안 생각하다가 『논어』 한 권을 뽑아 세워 바람을 막고는 혼자서 그 경제의 수단을 뽐내었다. 옛 사람이 갈대꽃으로 이불을 만든 것은 기이함을 좋아함이라 하겠거니와, 또 금은으로 날짐승의 상서로운 상징을 새겨 병풍으로 만드는 것은 너무 사치스러워 족히 부러워할 것이 못 된다. 어찌 내 『한서』 이불과 『논어』 병풍이 급작스레 한 것임에도 반드시 경사(經史)를 가지고 한 것만 같겠는가? 또한 한나라 왕장(王章)이 소 멍석을 덮고 누웠던 것이나, 두보가 말안장을 깔고 잔 것 보다야 낫다 할 것이다.

이덕무, 『이목구심서』

엄동설한, 이덕무의 방은 무척 추웠다. 한밤중에 으스스한 냉기가 온몸을 파고들어 도저히 잠을 이룰 수 없었다. 궁여지책으로 아끼던 『한서』 한 질을 이불 위에 늘어놓았다. 그러자 약간은 추위가 누그러진 듯도 했다.

하지만 찢어진 문틈으로 칼칼한 바람이 새어들자 등불이 마구 흔들리고 차가운 기운은 이불 속으로 스멀스멀 들어왔다. 이리저리 궁리한 끝에 『논어』 한 권을 뽑아 세워서 바람을 막았다. 다행히 방법이 효과가 있었다. 『한서』로 이불을 만들고 『논어』로 병풍 삼은 자신의 꾀가 기특했다. 충분히 서러웠을 테지만 그는 서럽지 않았다. 모진 추위도 그의 자존을 깎아내리지는 못했다.

또 몇 해가 흘렀고 이덕무는 스물여섯 번째 겨울을 맞이했다. 그 해에 그는 종로의 대사동으로 이사를 했다. 그 사이에 이덕무는 애지중지하던 세 살배기 딸을 잃었고 어머니마저 바로 여의었다. 다행히 어렵사리 아들을 얻었으니 얼마간 위로는 되었을 것이다. 하지만 가난한 환경은 그대로였고 추운 겨울도 그대로였다. 추위를 도저히 감당할 길이 없던 이덕무는 서재를 나와 뜰아래에 있는 띳집으로 옮겼다.

을유년 겨울 11월, 서재가 추워서 뜰 아래 작은 띳집으로 거처를 옮겼다. 집이 몹시 누추하여 벽에 언 얼음이 뺨을 비추고 방구들의 그을음 때문에 눈이 시었다. 바닥은 들쭉날쭉해서 그릇을 두면 물이 반드시 엎질러졌다. 햇살이 비쳐 올라오면 쌓였던 눈이 녹아 스며들어 띠에서 누런 국물 같은 것이 뚝뚝 떨어져 손님의 도포에 한 방울이라도 떨어지면 손님이 크게 놀라 일어나는 바람에 내가 사과하곤 하였으나 게을러 집을 수리하지는 못했다. 어린 아우와 함께 무릇 석 달간 이곳을 지켰지만 오히려 글 읽는 소리가 그치지 않았다. 세 차례나 큰 눈을 겪었는데 매번 눈이 한차례 오면 이웃에 키 작은 늙은이가 꼭 대빗자루를 들고 새벽에 문을 두드리며 혀를 끌끌 차면서 혼자 말하곤 했다. "불쌍하구먼 연약한 수재가 얼지는 않았는가?" 먼저 길을 내고는 그 다음엔 문 밖에 신발이 묻힌 것을 찾아다가 쳐서 이를 털고 재빨리 눈을 쓸어 둥글게 세 무더기를 만들어놓고 가곤 했다. 나는 그 사이에 하마 이불 속에서 옛글 서너 편을 벌써 외우곤 하였다.

이덕무, 『이목구심서』

띳집 역시 춥기는 별반 다름이 없었다. 벽에 얼음이 얼어 얼굴을 비출 정도이고 구들장 그을음이 눈을 시리게 만들었다. 방바닥은 울퉁불퉁해서 그릇을 고이 놓아도 엎질러졌다. 햇볕이 집을 비추면 지붕 위의 눈이 녹아 누런 물이 손님의 옷에 뚝뚝 떨어져 서로를 당황하게 만들었다.

그러나 그가 포기할 수 없는 한 가지는 책 읽기였다. 매서운 바람이 방 안으로 쳐들어와도, 눈이 펑펑 내려도 그는 오직 책을 읽었다. 큰 눈이 내리면 이웃의 키 작은 어르신이 큰 빗자루를 들고 와 새벽에 문을 두드렸다. 혹시 이덕무가 얼어 죽은 것은 아닌지 걱정이 되어서였다. 차마 문을 열어 보지는 못하고 끌끌 혀를 차며 중얼거렸다. "쯔쯧 불쌍하구먼, 허약한 선비가 얼어 죽은 건 아니겠지?" 이덕무가 불쌍했는지 눈에 묻은 신발도 털어주고 눈을 쓸어주었다. 하지만 웬걸! 그 사이에 이덕무는 이불 속에서 옛글 서너 편을 외웠다.

오직 책만 읽은 사람 이덕무! 그에게 책 읽기는 존재를 증명해주는 전부이자 삶 자체였다. 가난한 선비의 겨울은 몹시도 혹독했지만 책이 있어 그는 버틸 수 있었다. 책을 읽음으로써 그는 추위를 잊었고, 배고픔을 잊었으며, 근심에서 벗어났다. 끼니는 끊길망정 글 읽는 소리는 끊지 않았다. 책을 읽는 동안만큼은 그는 행복했고, 책을 읽었기에 가장 행복했다.

2부 마음을 바꾸면 삶이 아름답다

인생에는 내 의지와는 무관한 고통이나 시련을 겪을 때가 있다. 내가 원한 것도 아니고 내가 초래한 것도 아닌데, 혹독한 환경 앞에서 고통스럽다. 내 힘으로 바꿀 수도 없고 돌아갈 수도 없다. 이럴 땐 어찌하면 좋을까? 아우슈비츠 수용소에서 기적적으로 살아나온 빅터 프랭클은 말한다. "한 인간에게서 모든 것을 빼앗아 갈 수는 있지만 한 가지 자유는 빼앗아 갈 수 없다. 바로 어떤 상황에 놓이더라도 삶에 대한 태도만큼은 자신이 선택할 수 있는 자유이다."

환경은 내 힘으로는 어찌할 수 없는 외부의 작용이다. 그러나 어떤 혹독한 시련이 닥치더라도 삶을 대하는 태도만큼은 오로지 나 스스로의 선택이다. 이덕무는 환경을 원망하기보다는 자신 앞에 놓인 혹독한 가난을 넉넉히 받아들이며, 삶을 긍정하는 쪽을 택했다. 가혹한 조건 앞에서 자신이 가장 좋아하는 것에 집중했고, 그 결과 정조의 서얼 우대책에 힘입어 최초의 검서관이 되었다.

어떤 혹독한
시련이 닥치더라도
삶을 대하는 태도만큼은
오로지 나 스스로의
선택이다.

끝날 때까지 끝난 게 아니다

미국 프로야구팀인 뉴욕 양키스의 선수였던 요기 베라가 메츠의 감독이 되었다. 1973년 시즌 막바지를 향해 치닫고 있을 때 메츠는 지구 최하위에 머물고 있었다. 그가 성적 부진의 책임을 지고 경질될 거라는 소문이 돌았다. 한 기자가 그에게 올 시즌은 이제 끝난 것이 아니냐고 물었다. 그때 베라 감독은 힘주어 말했다. "끝날 때까지 끝난 게 아닙니다." 곧이어 메츠는 기적과도 같은 승수를 쌓아가며 아홉 경기 이상으로 뒤졌던 시카고 컵스를 제치고 내셔널리그 동부지구 우승을 차지했다. 아무리 가능성 없어 보이는 일일지라도 그 마지막이 어찌 될지는 아무도 모르는 일이다.

사람들은 더 건강해지고 싶어서, 각자가 꿈꾸는 성공을 위해, 오랫동안 준비해왔던 일을 이루고 싶어서 마음을 다잡고 목표를 세운다. 그러나 의욕적으로 도전한 일도 시간이 오래 걸리다 보면 열정은 차츰 줄어들고 몸도 마음도 지쳐간다. 신 포도에 불과하다고 합리화하고 단념해 버린다. 바보들은 결심만 한다는 말도 있다. 많은 인생이 힘차게 시작하다가 금세 포기하거나, 혹은 안 되겠다 싶으면 중도에서 그만둔다. 이와 관련해『순자荀子』,「권학勸學」편篇에서는 다음과 같이 말한다.

> 천리마라도 한 번에 열 걸음을 갈 수는 없지만 둔한 말도 열흘을 갈 수 있는 것은 그 공이 포기하지 않는 데에 있다.
>
> 『순자』,「권학」

천리마는 하루에 천 리를 달리는 아주 빠른 말이다. 그러나 제아무리 천리마일지라도 단 한 번 뛰어서 열 걸음의 거리를 갈 수는 없다. 모든 일에는 자기 깜냥이 있고, 일정한 단계가 있는 법이다. 하지만 사람들은 정해진 절차를 무시하고 단계를 건너뛰려고 한다. 바로 엽등躐等의 마음 때문이다. 엽등은 자신의 역량이나 과정을 무시하고 단계를 건너뛰어 올라가려는 것이다. 빨리 성과를 내고 싶은 욕망, 빨리 인정받고 싶은 조급함에 몇 계단을 한꺼번에 건너뛰려는 유혹에 빠진다. 그러나 엽등은 넘어지기 쉬우며 결국은 생채기만 남긴다.

반면 아무리 둔한 말도 열흘을 가면 천리마가 간 거리를 따라잡을 수 있다. '느릿느릿 걸어도 황소걸음'이라는 말이 있다. 비록 느린 말일지라도 꾸준하게 열흘을 가면 천리마가 하루에 간 거리를 따라잡게 된다. 성취하는 데에 중요한 것은 속도가 아니라 방향이고 재능이 아니라 끝까지 포기하지 않는 집념이다. 물이 바위를 뚫을 수 있는 힘은 오직 한 곳을 향해 쉼 없이 작은 물방울을 떨어뜨린 데 있다.

김득신金得臣과 강태공의 일화는 포기하지 않는 정신을 들려준다. 김득신은 조선 중기의 학자인데 이보다 더 머리가 나쁠 수 없었던 노둔함의 대명사이다. 금방 배운 것도 돌아서면 바로 까먹을 정도여서 열 살에야 비로소 글을 읽기 시작했다. 친인척도 혀를 끌끌 차며 공부를 포기하라고 종용했다. 그런데 아버지만은 그를 믿고 격려했다. "너무 조급해하지 말아라. 포기하지 않으면 언젠가는 이룰 수 있단다." 김득신은 남들보다 노력하는 길밖에 없다는 것을 깨달았다. 남들이 한 번 읽을 때 열 번을 읽고, 남들이 열 번을 읽으면 백 번을 읽었다. 그는 수백 수천 번 책을 읽으며 과거에 도전했지만 계속해서 떨어졌다. 그러나 그는 포기하지 않았다. 그는 나쁜 머리를 끈기와 집념으로 극복해 나갔다. 그리고 마침내 쉰아홉이 되어서야 비로소 과거에 합격했다. 그는 다음과 같이 고백한다. "재능이 남만 못하다고 스스로 한계를 긋지 말라. 나처럼 머리 나쁜 사람도 없었겠지만 끝내 성취할 수 있었다. 모든 것은 힘써 노력하는 데 달렸을 뿐이다."

낚시꾼을 비유하는 사람인 강태공은 강족 출신의 선비인 태공망太公望이다. 그는 너무 가난한 나머지 아내마저 굶주림을 참지 못하고 집을 나가버렸다. 그는 배고픔을 참아가며 오롯이 책을 읽는 가운데 위수渭水에서 낚시하며 때를 기다렸다. 사람들은 그를 비웃었지만 자신을 알아줄 이를 만날 때까지 계속 참고 기다렸다. 마침내 일흔이 되어서야 주나라 문왕을 만나 기회를 얻었고 폭군인 주왕을 무너뜨리는 데 큰 공을 세워 재상의 자리에 오를 수 있었다. 그는 다음과 같이 회고한다. "나는 수많은 세월을 낚으며 늙었지만, 결코 하늘을 원망하거나 포기하지 않았다. 참고 기다린 끝에 마침내 단 한 번의 기회를 잡아 천하를 얻을 수 있었다."

내가 하는 일이 벅차다고 느낄 때, 아무리 애써도 안 될 것만 같을 때 우리는 포기한다. 또 오랫동안 기다려도 원하는 일이 풀리지 않거나 기회가 찾아오지 않으면 실의에 빠져 단념한다. 그러나 성취를 가로막는 것은 장벽의 크기가 아니라 장벽을 대하는 마음가짐이다. 환경은 바꿀 수 없어도 환경을 대하는 태도는 오롯이 나의 몫이다. 버려야 할 것은 내 안의 두려움이고 빨리 식어버리는 마음이다. 그러므로 뜻이 있다면 포기하지 말고 집념으로 계속 두드려야 하리라. 남은 시간은 여전히 있다. 끝날 때까지 끝난 게 아니다.

버려야 할 것은
내 안의 두려움이고
빨리 식어버리는
마음이다.

마음을 붙드는 묘약

좋은 것을 보면 놓치고 싶지 않은 게 사람 마음이다. 두 개가 좋아 보이면 둘 다 꼭 붙잡고 싶다. 그러나 인생에는 두 마리 토끼를 잡으려다 결국 둘 다 놓치는 일이 많다. 인간의 능력은 한계가 있음에도 이것저것 다 붙잡으려다 하나도 못 잡기도 하고, 양쪽을 기웃거리다가 다 놓치기도 한다. 『한비자韓非子』「공명功名」편에서는 "오른손으로 동그라미를 그리고 왼손으로 사각형을 그리면 둘 다 이루지 못한다"라고 했다. 한 손으로는 동그라미를 그리면서 동시에 다른 손으로 사각형을 그리기란 지극히 어렵다. 사람들은 팔방미인을 꿈꾸지만 평범한 인간은 동시에 해내기가 쉽지 않다. 그러니 둘 다 잡으려는 욕심을 버리고 하나에 집중해서 잘하는 것이 좋다.

사람의 마음 역시 꼭 붙들어두기가 참 어렵다. 굳은 결심도 바로 무너지거나 싫증을 느껴 다른 곳을 기웃거린다. 마음은 붙들어두지 않으면 밖으로 치달리고 옆으로 흩어진다. 『대학大學』에서는 "마음이 머물러 있지 않으면 보아도 보이지 않고, 들어도 들리지 않으며, 먹어도 그 맛을 알지 못한다"라고 했다. 마음이 엉뚱한 데 있으니 보고 있으면서도 보는 것이 아니고 듣고 있으면서도 들리지 않는다. 여러 갈래로 흩어진 마음을 하나로 모을 수 있어야 성취의 발판이 마련된다.

> 마음을 잡아두려면 어찌해야 하나? 마음을 집중하여 잃지 말아야 한다. 어찌하면 지극함에 이를 수 있나? 하나에 집중하여 흩어짐이 없게 해야 한다.
>
> 이현일李玄逸, 「조심잠操心箴」

하나에 집중하여 흩어짐이 없게 하는 것을 주일무적主一無適이라고 한다. 주일은 하나에 집중한다는 뜻이다. 오직 하나를 선택해서 거기에 집중하고 마음을 흩뜨리지 않는 것이다. 무적의 적은 '가다'라는 뜻이니, 무적은 이리저리 다른 데로 가지 않는 것이다. 성리학에서는 정신을 집중하여 외물外物에 마음을 옮기지 않는다는 의미로 쓰고 있다. 곧 주일무적은 마음을 이리저리 옮기지 않고 오로지 하나에 모든 정신을 쏟는 것이다. 포저浦渚 조익趙翼 선생은 「무적명無適銘」에서, "무적 두 글자는 마음을 꼭 붙드는 절묘한 처방이다. 천만 마디의 어떤 말도 이보다 타당한 것이 없다. 움직이거나 가만히 있거나 자나 깨나 가슴에 새기고 잊지 말라"고 말한다.

연암 박지원의 글에는 이징李澄과 학산수鶴山守의 이야기가 있다. 이징은 조선 중기의 유명한 화가로서 본국제일수本國第一手라며 뛰어난 기량을 인정받기도 했다. 그에 대한 다음과 같은 일화가 있다. 이징이 어린 시절에 그림 연습을 할 때 다락에 올라가 혼자 그림을 그렸다. 한번은 다락에서 그림에 몰두하다가 밥 먹는 것조차 잊어버렸다. 그림을 그리다 지치면 잠이 들고, 깨면 다시 그렸다. 자식이 실종되었다고 생각한 부모는 이징을 찾아 동네를 헤매다가 사흘 만에야 찾았다. 아버지는 너무 화가 나서 이징의 볼기짝을 힘껏 때렸다. 그러자 이징은 아파 울면서도 떨어지는 눈물을 찍어 새를 그렸다고 한다.

학산수는 조선 중기 최고의 명창이다. 이른바 가수 지망생이던 시절에 그는 노래 실력을 쌓기 위해 산속에 들어가 노래를 익혔다. 그는 노래 한 곡을 마칠 때마다 모래를 주워 나막신에 던져서, 그 모래가 나막신에 가득 차야만 집으로 돌아왔다. 매일 피나는 노래 연습을 한 끝에 그는 마침내 나라에서 제일가는 명창이 되었다. 어느 날 길에서 도둑 떼를 만났다. 도둑들이 그를 죽이려고 할 때 노래를 부르자 도둑들이 감격하여 눈물을 흘리며 그를 놓아주었다. 삶과 죽음의 경계를 잊고 노래에 몰두하자 도둑의 마음마저 움직인 것이다.

마음을 하나로 붙들어 집중하기란 참 어렵다. 굳게 결심해도 남의 말 한마디에 쉽게 흔들리고, 남과 비교하면 남의 떡이 더 커 보인다. 마음은 잘 붙들어두지 않으면 이리 흔들리고 저리 움직여, 자신감을 가질 수도 없고 주체적인 삶을 살아갈 수도 없다. 동쪽으로 갈 때는 서쪽을 돌아보지 말고 남쪽으로 갈 때는 북쪽을 돌아보지 마라. 오롯하게 마음을 붙들어서 하나에 집중한다면 나의 존재를 증명하게 될 것이다.

오직 하나를 선택해서
거기에 집중하고
마음을 이리저리
흩뜨리지 않고
살아가는 것.

기적을 일으키는 힘

한 무제 때 이광李廣은 명장이다. 그는 태어날 때부터 팔이 원숭이처럼 길어서 활을 굉장히 잘 쏘았다. 하루는 사냥을 나갔다가 갑자기 큰 호랑이와 맞부딪히게 되었다. 당황한 그는 있는 힘껏 화살을 쏘아 호랑이를 명중시켰다. 가까이 다가가 보았더니 그가 쏜 것은 호랑이가 아니라 바위였다. 그런데 놀랍게도 화살이 바위에 깊이 박혀 있었다. 이광은 깜짝 놀랐다. 다시 앞서의 자리로 돌아와 바위를 향해 화살을 쏘았다. 그랬더니 이번에는 화살만 부러졌다. 똑같은 조건에서 화살을 당겼지만 한 번은 기적을 일으켰고 한 번은 화살만 부러졌다. 왜 그랬을까? 기적을 일으키는 힘은 외부 현실이 아니라 나의 의지에 있다.

　계획한 일이나 목표를 향해 노력하다 보면 지치는 순간이 있다. 금세 될 것 같던 일도 예기치 않은 변수가 생기고, 금세 성공하리라 생각했던 도전도 연거푸 실패한다. 한두 번 뜻대로 되지 않을 때는 마음을 다잡지만 계속해서 떨어지다 보면 자신감은 점차 줄어든다. 조금만 더 노력하면 되는 줄 알았는데, 언제까지 도전해야 하는지, 얼마나 더 해야 하는 일인지 불안하기만 하다. 결국 '이 길은 내 길이 아닌가보다'라는 생각으로 스스로를 합리화하며 포기하거나 체념하게 된다. 하지만 꿈을 성취한 사람의 재능이란 불굴의 집념으로 끝까지 포기하지 않은 의지이다. 우공이산愚公移山의 교훈은 불굴의 의지가 가져다주는 값진 선물에 대해 들려준다.

　북산에 아흔 살 되는 우공 할아버지가 살고 있었다. 우공과 가족들은 외출할 때마다 고충을 겪었다. 집 앞에 태형산과 왕옥산이 가로막고 있어서 산을 빙 둘러 길을 돌아가야 했다. 어느 날 우공은 두 산을 옮겨야겠다고 결심했다. 가족들을 불러 가족회의를 열었다.

　"집 앞에 큰 산이 버티고 있으니 이만저만 불편한 게 아니구나. 우리가 힘을 합쳐 저 산을 옮겨야겠다."

　가족들은 한마음으로 동의했다.

그러나 우공의 아내는 반대했다.

"돌덩이 하나라도 옮길 힘이 어디 있어요? 설령 산을 옮긴다 해도 그 많은 흙과 돌은 어디다 버리나요?"

"다 계획이 있소. 흙과 돌은 발해에 갖다 버리면 되오."

아내도 우공의 집념을 꺾지는 못했다. 다음날부터 우공과 아들, 손자들은 산을 옮기기 시작했다. 돌을 쪼개고 흙을 나르는 일이 날마다 계속되었다. 그러나 흙을 발해만까지 왕복하는 데만 꼬박 일 년이 걸렸다. 마을 사람들은 우공을 손가락질하며 비웃었다. 지수라는 사람은 더욱 비아냥거렸다.

"살아 있는 동안에 산은 옮기지도 못할 텐데 무엇 때문에 그런 일을 하는가? 도대체 정신이 있는가?"

그럼에도 우공은 아랑곳하지 않았다.

"내 생전에 산을 옮기지 못하면 어때? 내가 죽으면 내 아들이 이어서 옮기고, 또 아들의 아들이 옮기고, 또 아들의 아들의 아들이 옮기면 언젠가는 산이 옮겨지지 않겠어?"

말문이 막힌 지수는 머리만 긁적이며 돌아갔다.

그런데 정작 당황한 것은 산을 지키는 산신령이었다. 계속해서 산을 허물다가는 산이 없어질지도 모를 판국이었다. 덜컥 겁이 난 산신령은 옥황상제에게 보고했다. 옥황상제는 오히려 우공의 정성과 노력에 크게 감동했다.

"정말 갸륵하구나. 저 산을 옮겨주어라."

사신들은 두 산을 번쩍 들어 다른 곳으로 옮겨주었다. 그리하여 원래 기주 남쪽에 있던 태형산과 왕옥산은 오늘날엔 삭동과 옹남에 있게 되었다고 한다. 이 이야기는 『열자列子』,「탕문湯問」편에 실린 이야기이다.

낙숫물이 바위를 뚫는다는 말이 있다. 아무리 약하고 보잘것없는 존재도 끊임없이 시도하면 불가능해 보이는 일을 해낼 때가 있다. '실패는 성공의 어머니'란 말을 남긴 에디슨은 전구에 빛을 내기까지 이천 번을 실패했다. 한 기자가 그에게 물었다.

"그토록 많은 실패를 한 소감이 어떠합니까?"

에디슨은 다음과 같이 말했다.

"실패라니요. 난 한 번도 실패를 한 적이 없습니다. 단지 전구가 켜지지 않은 이천 가지 이유를 알았을 뿐입니다."

일을 성공하기까지 겪었던 수많은 시행착오와 실패는 성공을 위한 훌륭한 밑거름이다. 라이트 형제도 비행기를 띄울 때까지 수백 수천 번의 좌절을 겪었다. 성공은 헤아릴 수 없는 무수한 실패 끝에 얻게 되는 귀한 선물이다.

영국의 총리였던 윈스턴Winston 처칠Churchill은 "성공이란 열정을 잃지 않고 실패를 거듭할 수 있는 능력"이라 말한다.

실패하지 않았다는 것은 충분히 도전하지 않았다는 의미이다. 실패를 두려워하지 말고 의지 없음을 돌아보아야 한다. 반드시 해내고야 말겠다는 불굴의 의지는 산을 옮긴다. 하늘은 포기하는 자가 아닌 스스로 돕는 자를 돕는다.

기적을 일으키는 힘은
외부 현실이 아니라
나의 의지에 있다.

오르고 또 오르면

왜 나는 굳은 다짐을 쉽게 무너뜨리는 걸까? 다음의 시조가 떠오른다. "태산이 높다하되 하늘 아래 뫼이로다. 오르고 또 오르면 못 오를 리 없건마는, 사람이 제 아니 오르고 뫼만 높다 하더라." 태산이 아무리 높다 한들 꾸준히 오르다 보면 언젠가는 반드시 오르건만 산의 높음만 탓한다는 내용이다. 태산의 실제 높이는 1,530미터 내외이니 지레 겁부터 먹고 도전하지도 않는 태도가 더 문제일 수 있겠다. 위대한 사상가나 큰 성취를 이룬 사람들의 공통점은 처음의 결심을 중단하지 않고 끝까지 밀어붙인 데 있다. 맹자의 단기지교斷機之敎 이야기는 좋은 교훈을 준다.

맹자는 공자와 더불어 유가의 대표적인 사상가이자 교육자이다. 성은 맹孟이며 이름은 가軻이다. 맹자는 아버지를 일찍 여의고 어머니 슬하에서 자랐다. 맹자가 위대한 사상가로 성장할 수 있었던 데에는 맹자 어머니의 남다른 헌신이 있었다. 맹자는 어릴 때 공자의 손자인 자사의 문하생으로 들어가 배웠다. 공부에 매진하던 맹자는 홀로 있는 어머니가 그립기도 하고 공부에 싫증도 나서 기별도 없이 집을 찾아왔다. 맹자 어머니는 때마침 베를 짜고 있었다. 아들의 모습을 본 어머니는 굳은 얼굴로 물었다.

"배움이 어디까지 이르렀느냐?"

"아직까진 전과 달라진 게 없습니다."

그러자 어머니는 짜고 있던 베를 단칼에 잘라 버렸다. 맹자가 깜짝 놀라 물었다.

"아니 어머니 왜 짜고 있던 베를 잘라 버리세요?"

"베는 한 올 한 올 연결되어야만 옷이 완성된다. 배움도 한 땀 한 땀 쌓여 비로소 성취되는 것이다. 네가 배움을 중도에서 그만두는 것은 내가 짜고 있던 베를 자르는 것과 같다. 그래서야 도대체 무엇을 이룰 수 있겠느냐?"

어머니의 말에 맹자는 큰 깨달음을 얻었다. 그리하여 스승인 자사에게 돌아가 밤낮으로 쉬지 않고 배웠다. 그리하여 공자에 버금가는 위대한 사상가가 되었다.

무엇이든 열정을 갖고 끝까지 노력하면 얻는 바가 분명히 있다. 하지만 많은 사람들이 중도에 포기하거나 합리화한다. 이솝 우화에는 여우의 신 포도 이야기가 있다. 배가 고픈 여우가 때마침 포도를 발견했다. 포도가 먹음직해 보여 따먹으려 했으나 포도가 너무 높이 매달려 닿지가 않았다. 여우는 단념하며 말했다.

"저 포도는 아직 익지 않았군. 난 신 포도는 필요 없어."

적당히 시도하다가 안 될 것 같으니 상황을 합리화하고 중도에서 그만둔 것이다. 맹자가 자신의 처지를 합리화하고 포기했더라면 훗날의 맹자는 존재하지 않았을 것이다.

이 이야기에서 파생된 결단決斷이란 말도 곱씹을 만하다. 맹자를 결단하도록 도와준 어머니의 단호한 결심이 없었더라면 맹자는 평범한 사람에 머물렀을 것이다. 맹자의 성취에는 끊임없는 노력과 아울러 곁에서 멈추지 않도록 붙들어주는 조력자의 단호한 결단이 있었다.

성취는 중단 없는 끈기와 열정이 빚어내는 결과물이다. 지겹다고 해서, 지친다고 해서 단념하거나 합리화하지 말고 처음의 열정을 끝까지 밀어붙인다면 원하는 바에 가까워질 수 있게 될 것이다.

위대한 사상가나
큰 성취를 이룬
사람들의 공통점은
처음의 결심을
중단하지 않고
끝까지 밀어붙인 데 있다.

한마음 한뜻으로

하나라의 걸왕과 은나라의 주왕은 중국 역사에서 폭군의 대명사이다. 특히 주왕은 빼어난 미인이었던 달기에게 홀딱 반해 주지육림酒池肉林 술로 호수를 만들고 고기로 숲을 만든다는 뜻을 만들어 매일 초호화 파티를 벌였다. 비위를 잘 맞추는 간신을 중용하고 바른말을 하는 신하는 죽였다. 주왕의 폭정이 극에 달하자 마침내 주 문왕의 뒤를 이은 무왕이 주왕을 정벌하기 위해 군사를 일으켰다. 낙양의 근처에 있는 맹진孟津에 삼천여 명의 군사가 모여들었다. 무왕은 이들 군대를 이끌고 황하를 건너 은나라의 도읍인 조가朝歌의 남쪽 들판까지 이르렀다. 비록 은나라가 망해가는 형국이었어도 제후국인 주나라의 군대 삼천 명이 십만의 은나라 병력을 상대하기엔 버거워 보였다. 병사들의 사기를 올릴 명분이 필요했다. 무왕은 「태서泰誓」 3편을 공포하여 주왕의 죄를 낱낱이 밝히고 힘을 하나로 모을 것을 외쳤다. "아! 우리 우방의 제후들과 나의 병사들아, 나의 맹세를 들어라"로 시작하는 무왕의 선언문은 다음과 같이 이어진다.

> 하늘이 나에게 백성을 다스리게 하였다. 하늘이 나를 도와주는 것을 꿈에 보았으며, 꿈을 깬 후에 점을 쳐도 길조였다. 그러므로 은과 전쟁하여 반드시 이길 것이다. 주왕은 수많은 사람을 거느리고 있으나 마음이 멀어지고 덕에서 떠나 있다. 나에게는 신하 열 사람이 있으나 마음을 같이하고 덕을 같이하고 있다. 비록 지극히 친한 사람들이 있다 하더라도 어진 사람만 못한 것이다. (……) 힘쓸지어다! 병사들은 혹시라도 두려워하지 말고 대적할 바가 아니라는 마음을 가져라. 백성들이 두려워하여 그 뿔을 무너뜨리듯이 하니 아! 너희들은 덕을 하나로 모으고 마음을 하나로 모아 공을 세워 길이 번영하도록 하라.
>
> 『서경』, 「태서」

마침내 주 무왕은 은나라 주왕을 무너뜨리고 왕위에 올랐다. 이 글에 나오는 '덕을 하나로 모으고 마음을 하나로 모은다'는 말이 일심일덕一心一德이다. 모든 사람이 한마음 한뜻으로 공동의 목표를 위해 다 같이 힘쓰고 노력하는 것이다.『주역周易』에서는 두 사람이 마음을 합하면 그 날카로움은 쇠를 끊고 마음을 같이한 말은 향기로움이 난초와 같다고 했다. 마음을 합하면 힘든 일도 쉽게 느껴지고 하는 일이 즐거워진다. 그 반대되는 뜻이 마음이 멀어지고 덕에서 떠난다는 의미의 이심이덕離心離德이다. 마음이 서로 어긋나면 아무리 쉬운 일도 티격태격 갈등만 일으키다가 망치기 십상이다.

인상여藺相如와 염파廉頗 장군 일화는 이와 관련해 좋은 교훈을 준다. 전국시대 조나라 혜문왕의 신하 중에 인상여와 염파가 있었다. 인상여는 진나라 소양왕에게 빼앗길 뻔했던 천하의 진귀한 구슬인 화씨벽을 무사히 가지고 돌아온 공로로 상대부라는 높은 벼슬에 임명되었다. 또 3년 후에는 진나라 왕을 망신 주고 혜문왕의 위신을 높여주기까지 했다. 그리하여 진나라를 상대로 뛰어난 외교적 성과를 거둔 공로를 인정받아 명장이었던 염파보다 지위가 더 높아졌다. 이 소식을 들은 염파 장군은 노골적으로 화를 내며 말했다.

"나는 조나라의 장군으로 싸움터를 누비며 성을 쳐서

빼앗고 들에서 적을 무찔러 공을 세운 것이 한두 번이 아니다. 그런데 인상여는 겨우 세 치 혀를 놀려 나보다 윗자리에 앉다니, 언젠가 그놈을 혼내주겠다."

이 말을 전해 들은 인상여는 일부러 염파를 피해 다녔다. 병을 핑계로 조정에도 나가지 않고 멀리서 염파가 보이면 옆길로 돌아가거나 숨기까지 했다. 그 행동을 보다 못한 부하들이 따졌다.

"지금 염파 장군이 대감을 모욕하고 나쁜 말을 퍼뜨리는데도 대감께선 겁을 먹고 피하기만 하십니다. 저희는 창피해서 더 이상 대감 아래 있을 수가 없습니다."

"나는 진나라 왕도 꾸짖고 부끄럽게 만든 사람이다. 그런 내가 어찌 염파 장군이 두렵겠는가? 생각해보아라. 강한 진나라가 우리나라에 쳐들어오지 못하는 것은 나와 염파 장군이 있기 때문이다. 서로 싸워서 틈이 벌어진다면 진나라 군사는 당장이라도 쳐들어올 것이다."

이 말을 전해 들은 염파는 가시 채찍을 짊어지고 인상여를 찾아가 섬돌 아래 무릎을 꿇었다.

"제가 어리석어 대감의 높은 뜻을 미처 헤아리지 못했습니다. 부디 제게 벌을 주십시오."

이후 두 사람은 진심으로 화해하고 죽을 때까지 깊은

우정을 나누었다. 그후로도 진나라는 감히 조나라를 넘보지 못했다고 한다.

자존심을 굽히고 나라의 안위를 먼저 생각하는 인상여의 사려 깊은 행동은 지혜로웠다. 또 자신의 잘못을 순순히 인정하고 깨끗이 사과하는 염파 장군의 행동도 그 못지않게 멋지다. 만약 두 사람이 자존심만 내세워 자기 입장만 생각했다면 결코 화해는 없었을 것이고 강대국인 진나라에 무너졌을 것이다. 그러나 한발씩 양보하고 한마음이 되자 조나라는 진나라가 감히 넘보지 못하는 힘을 지닐 수 있었다. 일을 도모할 때 성패를 결정짓는 것은 어렵고 쉬움이 아니라 함께하는 이들이 얼마나 마음을 합치느냐에 달려 있다.

마음이 서로 어긋나면
아무리 쉬운 일도
티격태격 갈등만 일으키다가
망치기 십상이다.

색 안의 색을 보는 눈

클로드 모네Claude Monet는 프랑스의 인상파를 대표하는 화가이다. 인상파라는 명칭도 그의 작품인 「인상, 해돋이」에서 비롯된 것이다. 모네는 '물체가 지닌 고유한 색은 없다. 색은 빛에 따라서 변화할 뿐이다'라는 인상파의 원칙을 고집스럽게 지켜나갔다. 그는 시점과 시간을 달리하며 같은 주제를 반복해서 그려 무수한 시리즈를 만들었는데, 그 가운데 특히 「루앙 대성당」이 유명하다. 모네는 수개월에 걸쳐 같은 장소에서, 시간의 흐름에 따라 각기 다른 색으로 드러나는 루앙 대성당의 모습을 수십 점 그렸다. 안개 낀 날, 흐린 날, 맑게 갠 날, 아침과 점심, 저녁 등 시간과 날씨, 햇빛의 양에 따라 루앙 대성당은 흰색, 황금색, 갈색, 푸른색, 오렌지색 등 다양한 이미지로 드러났다.

그렇다면 무수한 루앙 대성당의 모습 가운데 어느 것이 진정한 루앙 대성당의 본질일까? 환경에 따라 달라지는 색과 빛의 차이만 있을 뿐 하나의 특정한 모습만이 루앙 대성당의 참모습이라고 할 수는 없다. 사람들은 사물에는 고유한 색이 있다고 생각했지만 모네는 '빛은 곧 색이다'라고 하여, 순간순간 빛에 따라 사물은 다른 색으로 드러난다고 생각했다.

놀랍게도 연암 박지원도 이와 비슷한 생각을 들려준다.

> 아! 저 까마귀를 보라. 그 날개보다 더 검은색이 없긴 하나 얼핏 옅은 황금색이 돌고, 다시 연한 녹색으로 반짝인다. 햇볕이 비추면 자주색으로 솟구치다, 눈이 어른어른하면 비취색으로도 변한다. 그러므로 내가 비록 푸른 까마귀라고 말해도 괜찮은 것이고 다시 붉은 까마귀라고 말해도 상관없는 것이다. 저 사물은 본디 정해진 색이 없는데도 내가 눈으로 먼저 정해 버리는 것이다. 어찌 그 눈에서만 판정할 따름이랴? 보지도 않으면서 마음속에서 미리 판정해 버린다. 슬프다! 까마귀를 검은색으로 고정한 것도

> 충분한데 다시금 까마귀를 갖고 세상의 온갖 색을 고정하려 하는구나. 까마귀가 과연 검기는 하다. 그러나 누가 다시 이른바 푸르고 붉은 색이 검은색 안에 깃들어 있는 빛깔인 줄 알겠는가?
>
> 박지원, 「능양시집서菱洋詩集序」

까마귀는 색이 까매서 붙인 이름이다. 누구나 까마귀는 검다고 생각한다. 그런데 연암은 여기에 동의하지 않는다. 까마귀가 날아갈 때, 까마귀 날개에 햇빛이 비치면 순간적으로 푸른색으로도 빛나고 비취색으로도 빛난다.

그러므로 푸른 까마귀라고 불러도 좋고 붉은 까마귀라고 불러도 상관없다는 것이다. 까마귀 날개가 빛에 의해 순간적으로 다른 색으로 보인다고 해서 붉은 까마귀, 푸른 까마귀라고 불러도 되는 것일까?

언어는 사회적 약속이라서 그 사회가 약속한 언어는 한 개인이 임의로 바꿀 수 없다. 흰색을 내 멋대로 파란색으로 부르고, 강아지를 임의로 고양이로 부른다면 언어생활에 혼란이 생기고 의사소통이 정상적으로 작동되지 않는다.

그러므로 잠시 다른 색으로 보인다고 해서 순간의 색을 인정해야 한다는 주장은 억지처럼 보인다. 하지만 빛의 조건에 따라 사물의 색이 달라진다는 인상주의 관점에서 보면, 연암의 말은 틀리지 않는다. 연암은 모네의 「루앙 대성당」과 서로 통하는 인식에서, 색과 빛에 대한 통찰력을 보여준다.

　더 중요한 진실이 있다. 사실은 까마귀를 가까이에서 자세히 살펴보면 까마귀는 완전히 까맣지 않다. 직접 가까이서 확인해보라. 검은색 안에 푸른색이 섞여 있기도 하고 검붉은 색이 섞여 있기도 하다. 그래서인지 예전의 문헌에서는 까마귀를 푸른 까마귀라는 뜻의 창오蒼烏라고도 했고, 붉은 까마귀라는 뜻의 적오赤烏라고 부르기도 했다. 사람들은 멀리서 대략 본 선입견으로 까마귀가 검다고 생각하지만, 까마귀의 실제 색에는 푸르고 붉은색이 섞여 있다. 오히려 푸른 까마귀, 붉은 까마귀가 객관적 진실에 더 부합한다.

　연암은 말하길 '저 사물은 본디 정해진 색이 없는데도 내가 눈으로 먼저 정해버린다'고 비판한다. '사물의 색은 정해져 있지 않다. 빛에 따라 달라진다'는 현대 회화의 기본 이론과 비슷한 생각이다. 인상파에 이르러서야 발견한 빛과 색에 대한 관찰 정신을 연암의 생각에서 확인한다는 사실이 신선하다.

　연암은 단순히 까마귀가 검지 않다는 이야기를 하려는 것이 아니다. 다양한 색으로 빛나는 세계를 인정하지 않고 하나의 색으로만 가두는 획일적인 사회를 비판하려는 일종의 은유이다. 존재는 저마다 다양한 방식으로 살아간다. 그러나 편견과 선입견에 갇히게 되면 한 가지 색만 고집하고 하나의 기준만을 강요한다. 자신이 대충 본 색으로 세상도 그러려니 하면서 자기 생각과 다르면 무조건 배척하거나 무시한다. 나아가 자신은 직접 보지도 않았으면서 남들에게 주워들은 말, 전해 들은 소문을 진실이라 철석같이 믿고서 남을 비방한다.

연암은 사람들이 거들떠보지도 않는 까마귀에게서 새로운 진실을 발견하고, 그 깨달음으로 인간의 갇힌 사고와 편견을 깨뜨리려 한다. 사물을 대충 보지 말고 꼼꼼하게 관찰할 수 있어야 하며, 편견과 선입견에 갇혀 세상을 하나의 색으로 가두지 말라고 당부한다.

달나라 여행을 간다거나 문명 세계를 본다고 해서 지혜의 눈이 열리는 것이 아니다. 보잘것없는 존재에게서 아무도 보지 못한 진실을 발견하는 관찰의 눈을 지닐 때 푸른색으로 빛나는 까마귀 날개를 보게 될 것이다. 생화학자인 알베르트 Albert 스젠트 Szent 기요르기 Gyorgyi 는 말한다. "발견은 모든 사람이 보는 것을 보고, 아무도 생각하지 않는 것을 생각하는 것으로 이루어져 있다."

존재는
저마다 다양한 방식으로
살아간다.
그러나 편견과 선입견에
갇히게 되면
한 가지 색만 고집하고
하나의 기준만을 강요한다.

어느 것이든 생명 있는 존재가 아니랴

　인간은 만물의 영장이라고 말한다. 인간만이 도덕적 능력을 지닌 고귀한 존재이며 이 세상을 지배할 유일한 권리가 있다고 믿는다. 그래서일까? 사람들은 자연을 쉽사리 파괴하고 새와 짐승을 쫓아내 그 자리에 건물을 쌓아 올린다. 강물을 막고 기름을 흘러내려 물을 오염시키고 물고기를 죽게 만든다. 인간과 다른 생명을 차별하는 데 그치지 않고 사람과 사람 사이도 구별 짓는다. 지위와 신분을 따져가며 권력을 휘둘러 약자를 함부로 짓밟는다.
　박제가는 존재의 평등에 대해 깊이 고민한 사람이다. 그는 능력이 뛰어나고 재능도 남달랐지만 단지 서얼이라는 이유로 차별받는 삶을 살았다. 열한 살에 아버지가 돌아가시고 나서는 더욱 가난해지고 더욱 차별받았다. 그는 차등을 두어 구별하는 현실에 고통받으면서 존재의 본질에 대해 깊이 고민했다.

박제가는 스물네 살이던 1773년 봄에 금강산 여행을 갔다가 동해의 고기잡이를 구경한 적이 있었다. 드넓은 바다와 그물에 잡힌 수많은 물고기를 바라보던 그는 문득 상념에 젖었다. 저 배들이 다니는 곳은 바다 세계의 한 모퉁이일 뿐이며, 그물에 잡힌 각양각색의 물고기들은 바다 해산물 가운데 극히 일부일 뿐이다. 그렇지만 본 것이 적은 사람은 상어와 전갈의 눈알만 보고도 휘둥그레지며 우물 안의 개구리로 살아온 학자는 고래가 우는 소리를 들어본 적도 없다. 자주 보고 익숙해지면 용이나 코끼리도 괴상하지 않게 되지만, 생전 처음 볼 때는 새우조차 놀라운 사물이 된다. 본 것이 적기에 이상하게 여길 뿐, 세상엔 온갖 다양한 생명들이 각자 방식에 맞게 살아갈 뿐이다. 생각이 여기에 미치자 문득 그는 예전 일이 떠올랐다.

> 나는 예전에 생각해본 적이 있다. 하늘과 땅 사이에 바다가 그 반을 차지하는데 마른 세계와 젖은 세계

가 있어, 강한 성질과 부드러운 성질이 나뉜다. 물과 뭍이 번갈아 나타나는 현상은 마치 호두가 올록볼록한 것과 같다. 생물들이 거기에 붙어사는 것은 또한 호박씨가 줄지어 박혀 있는 것과 같다. 그러니 위 아래가 완전히 다르지만 인어가 없을 수 없고, 저승이 이승과 전혀 다른 세계라지만 기운을 지닌 존재가 없을 수 없다. 기어 다니는 벌레나 날갯짓하는 곤충도 각각 자기 고유의 모양을 갖고 있다. 어미 뱃속에서 낳든, 알에서 낳든, 물에서 낳든, 스스로 변해서 낳든, 그 어느 것이든 생명 있는 존재가 아니겠는가? 어쩌다가 물고기로 태어나고, 어쩌다가 내가 된 것이다. 그런데 나와 다르다고 하여 무리지어 비웃고 또 업신여긴다. 작은 마음으로 헤아릴 수 없는 깊이를 엿보고, 틀에 박힌 식견으로 헤아릴 수 없는 변화를 따진다.

박제가, 「바다 고기잡이 海獵賦」

세상은 드넓어서 인간의 경험과 지각이 미칠 수 없는 곳이 참 많다. 저 푸른 바다 깊은 곳에 인어가 없으리란 법이 없으며 저승에도 생명체가 살지 말란 법이 없다. 그 광대무변의 공간에서 모든 생명체는 각자의 방식대로 살아가는 것이다. 박제가는 꽃이든 지렁이든 물고기든 나비든, 세상에 존재하는 모든 생명은 각자의 모양대로, 각자 방식으로 살아간다고 생각한다. 내가 인간이 된 것은 꼭 그래야만 하는 필연적인 이유는 없다. 어쩌다 보니 물고기로 태어나고, 어쩌다 인간으로 태어났을 따름이다.

그런데도 인간은 편협한 지식으로 자신이 본 것만을 옳다고 우기고 자신과 생각이 다르면 비웃고 쫓아낸다. 고작 작은 몸에 남보다 문자 몇 개를 더 아는 것으로 잘난 척 뻐기고 다른 생명을 함부로 업신여긴다. 지위와 신분을 깊이 따지고 힘없는 자들은 무시한다. 남에겐 도덕과 윤리를 앞세우면서 스스로는 남을 도울 작은 마음도 갖지 못한다. 틀에 박힌 고정관념으로 세상의 다양한 방식을 판정한다.

그러나 박제가는 처지를 바꾸어 생각한다. 고기에겐 흐르는 물이 밟고 다니는 땅이고 새에겐 허공이 믿고 의지하는 곳이다. 그러니 물고기가 밑으로 내려가 바닥에 의지하는 것은 사람들이 우물을 파서 먹고 사는 것과 같고, 물고기가 지느러미에 햇볕을 쬐는 것은 인간이 일광욕하는 것과 같다. 물고기가 사람을 본다면, 오히려 인간이 어디에도 의지할 곳이 없어 곧 죽게 되리라 생각할 것이다. 깨달음이 여기에 이르자 박제가는 한바탕 크게 웃고 소매를 떨치며 일어났다.

> 나는 이에 시원하게 웃음을 터뜨리고 소매를 떨치며 일어났다. 하늘 끝 아득한 곳을 바라보고 만물의 처음과 끝을 생각하는데, 마음속 아득함이 끝이 없더니 얼마 못 가 생각의 방향을 잃어버리고 말았다. 비로소 지극히 큰 것은 다 말할 수 없고, 지극히 많은 것은 이치로 따질 수 없음을 알게 되었다.
> **박제가, 「바다 고기잡이」**

비로소 박제가는 지극히 큰 것은 다 말할 수 없고, 지극히 많은 것은 이치로 따질 수 없음을 깨닫는다. 모든 생명은 각자 방식대로 살아갈 뿐이다. 누에는 열심히 고치를 짓고, 벌은 부지런히 꿀을 모으고, 농부는 열심히 농작물을 살찌우고, 나 같은 사람은 열심히 글을 쓰면서 살아간다. 벌은 꽃을 만나 꿀을 만들고, 바람은 나뭇잎을 만나 소리를 만들고, 나는 너를 만나 사랑을 하고, 그렇게 우주는 존재와 존재가 어울려 살아간다. 그러니 모든 존재는 하늘의 입장에서는 평등하다. 각자 쓸모가 다를 뿐!

세상에 존재하는
모든 생명은
각자의 모양대로,
각자 방식으로 살아간다.

마지막을 처음처럼

진왕_{훗날의 진시황}이 천하를 통일하기 직전의 일이다. 진왕은 막강한 군대와 뛰어난 통솔력으로 전국의 일곱 개 나라 가운데 가장 강력한 나라를 만들었다. 천하 통일이 멀지 않았다고 생각한 왕은 마음이 느슨해져 신하들에게 정치를 맡기고 향락에 빠져들었다. 어느 날 아흔 즈음 되는 노인이 진 왕을 찾아왔다. 용모가 예사롭지 않다고 느낀 진 왕이 물었다.

"백 리나 되는 먼 곳에서 오셨다고 들었습니다."

"집을 떠나 구십 리를 오는 데 열흘이 걸렸습니다. 그리고 다시 열흘 동안 십 리를 걸어 겨우 도착했습니다."

"나머지 십 리 오는 데 열흘이나 걸렸단 말입니까?"

"처음엔 열흘 만에 구십 리까지 왔습니다. 이제 다 왔다고 생각해서 쉬고 난 다음에 다시 걸었더니 몸이 말을 듣지 않았습니다. 천신만고 끝에 열흘 걸려 간신히 이곳에 이르렀습니다. 구십 리까지 온 것은 거의 다 온 것이 아니라 반을 온 셈이었습니다."

마지막까지 긴장의 끈을 놓치지 말고 최선을 다하라는 의미를 담은 비유였다. 정신이 번쩍 든 진 왕은 해이해진 마음을 다잡고 분발해서 마침내 천하통일의 과업을 이루었다.

목표를 향해 꾸준히 노력하다가도 시간이 흐르면 어느 사이 긴장이 풀어지기 마련이다. "이젠 그만하면 됐어", "이 정도면 충분해"라는 생각으로 말이다. 그러나 삶에는 거의 다 잘해놓고도 초심을 잃거나 마무리를 엉성하게 하는 바람에 공든 탑이 무너지는 일들이 종종 있다. 『서경書經』의 「여오旅獒」에선, "아홉 길의 산을 만들면서 한 삼태기의 흙이 모자라 공이 무너진다네"라고 했다. 흙을 쌓아 산을 만들어 아홉 길의 높이에 이르게 되었을 때, 이제는 다 되었다고 생각하고 한 삼태기의 흙을 나르는 데 게을리하면 지금까지의 노력이 모두 물거품이 된다. 조금만 더욱 노력하면 목표를 이룰 수 있는데 긴장의 끈을 놓거나 마무리 단계에서 실수하는 바람에 그동안의 노력이 헛수고가 되는 것이다.

> 학문은 비유하자면 산을 쌓는 것과 같다. 마지막 한 삼태기를 붓지 않아 산을 이루지 못하고 중지하는 것도 나 자신이 중지하는 것이다. 비유하자면 땅을 고르는 것과 같다. 평지에 한 삼태기를 부어서 나아간다 해도 내가 나아가는 것이다.
>
> 『논어』, 「자한」

마지막 힘을 다 쏟지 않아서 일이 물거품이 되는 것은 내가 자초한 일이다. 일이 성공하느냐 실패하느냐는 먼저는 나 자신에게 책임이 있다. 『도덕경』 64장에서는 "마지막을 처음처럼 신중히 해간다면 실패하는 일은 없을 것이다"라고 말한다. 일이 성공하기까지 필요한 마음은 '처음처럼'의 태도이다. 내가 맨 처음에 지녔던 마음을 끝까지 밀고 나간다면 실패가 적을 것이다.

    목표를 향해 나아가다 보면 시간이 지날수록 느슨해지고, 권태가 찾아온다. 처음의 각오가 한결같이 유지되기란 참 어렵다. 오랫동안 반복되는 일에 지쳐서 주저앉고 싶고, 포기하고 싶다. '이제 그만하면 됐어'라는 마음이 든다. 흐지부지 되다가 용두사미로 끝나기도 한다. 그러나 삼태기 하나를 채우지 못해 하던 일이 물거품이 된다면 무척 속상하고 억울한 일이다. 거의 다 잘해놓고 마지막 삼태기 하나를 채우지 못해 실패하는 어리석음을 범해서야 되겠는가. 일을 이룬 사람들은 목표를 이루기까지 자만하거나 나태하지 않고 마음을 쏟아 끝까지 노력했다. 초심과 열정은 좋은 결과를 얻기 위해 꼭 필요한 마음가짐이다.

다만 결과를 얻기에 앞서 놓치지 말아야 할 가치가 있다. 그것은 하나씩 쌓아가는 과정 자체가 소중하다는 사실이다. 스티브 잡스는 말한다. "우리가 이룬 것만큼, 이루지 못한 것도 자랑스럽습니다."

내가 맨 처음에 지녔던 마음을
끝까지 밀고 나간다면
실패가 적을 것이다.

한 발 더 내딛는 용기

사람들은 새로운 지식을 쌓고 싶어서 부지런히 책을 읽고 열심히 공부한다. 그러다가 나이가 들고 자리를 잡으면 그 자리에 눌러앉는다. 이만하면 됐지 싶은 것이다. 그렇지만 어떤 사람은 그 자리에 만족하지 않고 새로운 도전을 위해 계속해서 나아간다. 세상은 넓고, 할 일은 많고, 배울 지식은 끝이 없다고 생각한다.

이미 할 수 있는 일을 다 한 것인데도 그 자리에 머무르지 않고 한 걸음 더 나아가는 것을 백척간두진일보百尺竿頭進一步라고 한다. 백척간두는 백 척 되는 장대 끝에 서 있다는 뜻이다. 한 척이 약 30센티미터이니, 30미터 되는 긴 대나무 끝에 아슬아슬하게 서 있는 상황이다. 조금이라도 앞으로 나가거나 뒤로 물러나면 바로 나락으로 떨어진다. 누구도 손잡아 줄 사람이 없고 조금만 움직여도 추락하는 위태롭고 심각한 상황이다. 이럴 때는 어떻게 해야 할까?

> 일정한 단계에 도달한 후에도 오히려 스스로 자만하지 말고, 백척간두에서도 또 한 걸음 나아가고 태산의 정상에서도 다시 태산을 찾아, 바라고 또 바라기를 미처 보지 못한 듯하여 힘껏 노력하다가 죽은 후에야 그만두기를 목표로 삼아야 한다.
>
> 정조, 『추서춘기鄒書春記』 『고자告子』편'

모든 두려움과 걱정을 내던지고 한 발 내딛는 순간 새로운 세계가 열린다. 백척간두가 갖는 이러한 의미 때문에 '백척간두진일보'는 절체절명의 위기, 절망의 순간에서 자신의 모든 것을 던져 과감하게 앞으로 내딛으려는 결심에 사용하는 말이 되었다.

하지만 백척간두진일보는 원래 그러한 뜻이 아니다. 이 말은 노력한 뒤에 한층 더 노력하는 마음가짐을 뜻하는 말이다. 송나라의 도원道源이 저술한 불교 서적인 『경덕전등록景德

『傳燈錄』에는 "백척간두에서 움직이지 않는 사람, 깨달은 것 같지만 아직 미완성이네. 백척간두에서 한 걸음 내딛어야, 사방 세계가 온몸을 드러내리라"라고 했다. 백 척이나 되는 장대 끝에서 흔들림이 없는 사람이라면 깨달은 자이다. 어떤 목표나 경지에 이른 자만이 취할 수 있는 행동이다. 그러나 거기에 멈추어 서 있다면 참된 진리에 이를 수 없다. 한 걸음을 더 내딛어야 진정한 깨달음의 세계로 나간다. 하나의 목표를 이루었다 할지라도 거기에 머물지 말고 더욱 정진하고 노력해 나가야 한다. 현재 자신을 가두고 있는 인식의 한계, 프레임을 뛰어넘으라는 의미도 담고 있다.

정조의 말도 이와 같다. 열심히 노력하여 일정한 단계에 오르더라도 만족해서 그만두거나 자만해서는 안 된다. 백척간두의 깨달음에서도 한 걸음 더 나아가고 태산 꼭대기에 오르면 더 높은 산을 찾아 나서듯, 죽을 때까지 힘써 이뤄가야 한다. 하나의 깨달음에 만족하지 말고 더 새로운 깨달음의 세계로 나아가야 한다.

19세기의 학자 항해 홍길주는 평생토록 방에서 사색하며 책 읽고 글쓰기로 전념한 사람이다. 하지만 그는 나이가 들었어도 항상 자신이 부족하다고 여기고 새로운 깨달음을 얻기 위해 힘썼다. 그는 어제 모르던 것을 오늘 알게 되니 내

오우아

일은 또 오늘 알지 못하는 것을 만날 줄 누가 알겠느냐고 반문한다. 성인도 날마다 모르던 것을 배웠는데 하물며 일반 사람들은 더욱더 배움에 힘써야 한다고 말한다. 다음은 그가 남긴 말이다.

> 지식은 보잘것없으면서 스스로 다 안다고 말하는 자는 필시 크게 부족한 사람이다. 시일이 쌓이고 세월이 지나다 보면 반드시 아는 바에 진전이 있기 마련이다. 진전이 있게 되면 지난날 다 알지 못하던 것을 틀림없이 깨닫게 된다. 지난날 다 알지 못하던 것을 깨닫고 나면 마침내 오늘 내가 아는 것이 다 아는 것이 아님을 문득 깨닫게 된다. 스스로 다 안다고 말하는 사람은 오래도록 지식에 진전이 없었던 사람이다. 오래도록 지식에 나아감이 없다면 크게 부족한 사람이 아니고 무엇이랴?
>
> 홍길주, 「**수여연필**睡餘演筆」

쓸모없는 존재는 없다

흰둥이가 누고 간 강아지 똥은 똥 중에서도 가장 더러운 개똥 취급을 받아 참새, 흙덩이 등에게 무시당한다. 희망을 잃고 낙담하던 어느 날 강아지 똥은 자신이 꼭 필요하다는 작은 씨앗을 만난다. 작은 씨앗은 강아지 똥에게 "너의 몸뚱이를 고스란히 녹여 내 몸속으로 들어와야 해. 그래서 예쁜 꽃을 피게 하는 것은 바로 네가 하는 거야"라고 말한다. 자기 존재에 대해 실망만 하던 강아지 똥은 별이 될 수 있다는 희망을 얻게 되고 작은 씨앗을 꼭 껴안는다. 봄이 한창인 어느 날 마침내 강아지 똥은 한 송이 아름다운 민들레꽃을 피운다. 권정생의 『강아지 똥』은 쓸모없는 존재는 하나도 없으며 하찮은 강아지 똥도 누군가에겐 소중한 존재라는 메시지를 전한다.

예나 지금이나 특별한 경우를 제외하고는 벌레 같은 미미한 사물에 관심을 두는 일은 없다. 사람들은 인간만이 만물의 지배자로서 윤리와 도덕을 실천해가는 것이지 인간 이외의 존재는 천하고 비루하다고 여긴다.

그런 점에서 보자면 이덕무는 특별해 보인다. 이덕무는 사물도 인간과 마찬가지로 각자의 생태 활동을 하며 윤리를 갖고 있다고 생각했다. 사물의 움직임을 인간의 삶과 예술 행위에 연결하곤 했다. 예컨대 거미가 거미줄을 만드는 행위는 인간이 생업을 위해 보리 모종 밟기를 하는 것과 같다고 보았다. 그는 오늘날 관점에서 보자면 곤충학자이자 조류학자이며 식물학자로 불려도 좋다. 농부나 촌 노인들도 구별하지 못하는 벌레와 나무, 물고기의 이름을 정확히 알아내는가 하면 숲을 지날 때는 풀과 나무의 이름을 줄줄 대기도 했다. 또 친구가 없으면 책이, 책이 없으면 구름과 노을, 하늘을 나는 갈매기가 친구가 될 수 있다고 했다.

> 친구가 없다고 탄식할 것 없이 책과 함께 노닐면 된다. 책이 없으면 구름과 노을이 내 친구고, 구름과 노을이 없으면 하늘을 나는 갈매기에 내 마음을 붙이

> 면 된다. 나는 갈매기가 없으면 남쪽 마을의 홰나무를 친구 삼아도 되고 잎 사이의 귀뚜라미도 구경하며 즐길 수 있다. 무릇 내가 사랑해도 시기하거나 의심하지 않는 것은 모두 나의 좋은 친구이다.
>
> 이덕무, 「선귤당농소」

인간은 아무리 가까운 사이라도 때로는 다투고 시기하고 경쟁한다. 그러나 사물은 시샘하거나 질투하지 않는다. 나를 믿어주고 교감할 수만 있다면 세상 모든 존재가 내 친구가 될 수 있다. 하늘의 별, 뜰의 홰나무, 느릿느릿 달팽이, 야옹 떠는 고양이, 잎 사이의 귀뚜라미, 모든 것이 나의 좋은 친구이다.

이덕무는 모든 생명체를 소중한 존재로 생각했다. 지극히 하찮은 생명체도 저마다의 방식으로 살아가고 저마다의 이치를 갖고 있다고 생각했다.

> 어린아이가 울고 웃는 것과 시장에서 사람들이 사고파는 것을 또한 익히 보고 그 무엇을 느낄 수 있고, 사나운 개가 서로 싸우는 것과 교활한 고양이가 재롱을 떠는 것을 조용히 관찰하면 지극한 이치가 이들 속에 있다. 봄누에가 뽕잎을 갉아먹는 것과 가을

> 나비가 꽃꿀을 채집하는 것에는 하늘의 조화가 그 속에서 움직이고 있다. 수많은 개미들이 진을 이루고 행진할 때 깃대와 북을 빌지 않아도 절제가 잡혀 균형을 이루고 벌 천 마리의 방은 기둥과 들보가 없는데도 칸 사이의 간격이 저절로 고르게 잡혀 있다. 이것들은 모두 지극히 가늘고 적은 것이지만 그곳에는 너무도 묘하고 너무도 무궁하게 조화를 이루고 있다. 대저 천지의 높고 넓은 것과 고금의 오고 가는 것을 보면 또한 장관이고 기이하다 할 것이다.
>
> **이덕무, 「이목구심서」**

시장판에서 물건을 흥정하는 사람들, 개들이 서로 으르렁대는 행위, 뽕잎을 먹는 누에의 움직임, 일렬로 움직이는 개미들의 행진 등은 지극히 일상적이고 하찮은 장면이라 무심코 지나치는 풍경들이다. 완물상지玩物喪志, 곧 사물을 즐기는 일에 정신을 팔면 본마음을 잃어버린다 하여 사대부들이 거들떠보지 않는 장면들이다. 전통의 규범에서 보자면 무가치하고 쓸모없다. 그러나 이덕무는 다르게 생각한다. 소소한 사물의 몸짓이 결코 무가치한 일이 아니며 하늘의 조화가 깃들어 있다고 생각한다. 매우 작고 아무짝에도 쓸모없어 보이는 사물도 저마다 오묘하고 무궁한 조화가 있다는 것이다.

가장 하찮은 인생을 비유할 때 하루살이를 떠올린다. 성충이 된 하루살이는 실제로 하루에서 사흘 정도밖에 살지 못한다. 하지만 그 짧은 하루 동안 짝짓기를 하고 알을 낳는다. 인간의 삶으로 비유하자면 짝을 만나 결혼해서 아기까지 낳는 셈이다. 그리하여 한 시인은, 하루 동안 해가 뜨고 해가 지는 우주의 비밀을 다 경험하고서 미련 없이 떠나는 성자의 삶을 보여주는 하루살이와 목숨에 집착만 하면서 제대로 된 인생을 살지 못하는 인간의 어리석음을 비교하기도 했다.

모기가 사람의 피를 빠는 이유는 단순히 배를 채우기 위해서가 아니다. 산란기의 암컷 모기가 알을 낳기 위해 단백질과 철분이 풍부한 피를 필요로 하는 것이다. 인간의 입장에서는 해로운 행위가 모기의 입장에서 서면 지극히 헌신적인 모성애가 된다. 어떤 생명체가 유익하다 해롭다고 말하는 것은 인간의 입장에서 바라본 편견일 뿐, 각기 사물의 입장에서 서면 모든 존재는 저마다 살아가야 하는 이유를 갖고 각자의 삶을 충실하게 살아간다.

모든 생명은 각자 삶의 방식이 있으며 무엇이 더 낫고 못한가는 한편에서 바라본 편견에 불과하다. 나무는 나무의 길이 있고, 달팽이는 달팽이의 길이 있다. 사람과 고양이, 개미는 서로 어울리며 살아가는 지구 공동체의 일원이지 서로 시기하거나 죽이는 관계가 아니다. 각자의 삶을 충실하게 살아가는 미미한 존재들을 존중하고, 그들을 벗 삼아 살아가는 세상이 우리가 꿈꾸는 평화로운 세상이 아닐까?

모든 존재는
저마다 살아가야 하는
이유를 갖고
각자의 삶을
충실하게 살아간다.

3부 멈춤을 알면 오래 간다

욕망을 다스리는 길

멈춤을 알면 오래 간다

톨스토이의 단편 「사람은 얼마만큼의 땅이 필요한가?」에는 다음의 이야기가 있다. 소작농인 바흠은 바시키르 마을의 촌장으로부터 천 루블만 내면 종일 밟은 땅을 모두 차지해도 좋다는 계약을 맺었다. 단 해가 질 때까지 출발 지점으로 돌아오지 못하면 무효라는 조건이었다. 다음날 바흠은 동이 트자마자 신이 나서 앞으로 걸어갔다. 점심이 지나 돌아올 지점을 지났는데도 그는 계속 앞으로 나아갔다. 갈수록 그의 눈앞엔 더욱 비옥한 땅이 펼쳐져 있었다. 그가 정신을 차렸을 땐 어느새 해가 뉘엿뉘엿 지고 있었다. 당황한 바흠은 젖 먹던 힘을 다해 출발 지점으로 달려갔다. 마침내 해가 지기 직전에 가쁜 숨을 몰아쉬며 가까스로 출발점에 도착했다. 하지만 해가 서산으로 넘어감과 동시에 가슴을 쥐고 피를 토하며 쓰러지고 말았다. 그가 차지한 건 고작 한 평 남짓한 자신의 무덤이었다. 인간의 욕심은 끝이 없다. 가져도 더 탐나고, 누려도 더 누리고 싶다. 게다가 현대인은 결핍의 욕망으로 살아간다. 채우고 채워도 충족되지 않는다. 끝까지 올라가도 끝내 만족이란 없다.

사람이 일상의 행복을 놓치고 불행해지는 이유는 다른 데 있지 않다. 뒤돌아볼 줄 모르고 더 높은 곳만 쳐다보는 데 있다. '조금만 더' 하는 마음이 이미 얻은 것조차 다 잃게 한다. 그리스 신화에 나오는 이카로스는 너무 높이 날지 말라는 아버지의 당부를 무시하고 밀랍으로 만든 날개를 달고 하늘로 날아올랐다. 그는 높이 올라갈수록 더 높이 오르고 싶어졌다. "저 태양까지 가보는 거야"라며 날아오르다 태양에 가까워지자 밀랍이 녹아버려 바다로 곤두박질해 죽었다. 인간은 욕망하는 존재이니 욕망이 무조건 나쁜 것은 아니다. 그러나 인간의 불행은 욕망을 조절하지 못하고 끝없이 오르려는 데서 생긴다. 이카로스가 높이 날되 적당한 선에서 멈추었다면 진정한 자유와 해방을 얻었을 것이다.

그러나 욕망을 제어하지 못하고 끝까지 올라가려다가

결국 죽음을 자초하고 말았다.

> 위험한 곳을 만나 멈추는 것은 보통 사람도 할 수 있지만 순탄한 곳을 만나 멈추는 것은 지혜로운 자가 아니면 불가능하다. 그대는 위험한 곳을 만나 멈췄는가? 아니면 순탄한 곳을 만나 멈췄는가? 뜻을 잃고 멈추는 것은 누구나 할 수 있지만 뜻을 얻고 멈추는 것은 군자만이 할 수 있다. 그대는 뜻을 얻고 멈췄는가? 아니면 뜻을 잃은 후에 멈췄는가? (……) 위험한 일을 만났을 때 멈출 수 있고, 뜻을 잃었을 때 멈출 수 있는 자이면 나는 일반인보다 현명하다고 말하겠다. 그 위에 있는 사람이야 논할 것이 무에 있겠는가? 한번에 멈출 수 있는 것은 현자의 일이다. 멈추고, 또 멈추면서 다시 나아갈까 두려워하는 것은 힘써서 가능해진 사람이다. 현자는 내가 볼 수 없어도 힘써서 가능해진 자를 볼 수 있으면 또한 다행이다. 그대는 힘써 그 이름을 저버리지 말고 이 말을 소홀히 하지 말라.
>
> 홍길주, 「지지당설止止堂說」

항해 홍길주는 명망 높은 풍산 홍씨 집안에서 태어났다. 머리가 뛰어나 다섯 살이 되기도 전에 팔괘와 오행을 익혔다. 형인 홍석주共奭周는 당대 정승까지 오른 저명한 학자였고 동생인 홍현주共顯周는 정조의 사위였다. 그는 성공할 수 있는 조건을 모두 갖춘 금수저였다. 하지만 그는 출세의 욕망을 누르고 스물여섯 살 이후엔 아예 과거 시험마저 포기했다. 그는 권력 대신에 자신이 좋아하는 문장가의 길을 택했다.

어느 날 마을에 사는 지인이 자신의 집에 지지당止止堂이란 현판을 붙이고 항해에게 기문을 지어달라고 요청했다. '지지'는 멈춰야 할 곳에서 멈춘다는 뜻이다. 『주역周易』의 "멈출 곳에서 멈추니 속이 밝아 허물이 없다"라는 말에서 가져온 듯하다. 항해는 그를 위해 위의 기문을 써주었다.

위험한 일이라서, 하는 일이 뜻대로 되지 않아서 멈추는 일은 그래도 가능하다. 하지만 일이 순조롭게 풀리고 있는데 욕심을 멈추기는 쉽지 않다. 일이 뜻대로 이루어져 승승장구하는 중인데 마음을 비우기는 힘들다. 최고의 자리에 오르면 욕심을 거둘 만도 하건만 그렇지도 않다. 『주역』「건괘乾卦」에는 항룡유회亢龍有悔라는 말이 있다. 항룡은 하늘 끝까지 다다른 용이다. 명예와 권력이 하늘을 찌를 듯이 가장 높이 올라간 단계를 말한다. 공자는 "항룡은 너무 높이 올라갔기 때문에 존귀하나 지위가 없고 너무 높아 교만하기 때문에 자칫 민심을 잃게 될 수도 있으며 남을 무시하므로 보필도 받을 수 없다. 이 때문에 움직이면 후회함이 있다"라고 했다. 꼭대기까지 오르면 자신이 최고인 줄 안다. 자신이 잘나서 그리되었다고 여긴다. 올챙이 시절은 까맣게 잊고 받는 것에만 익숙해진다. 시키는 대로 주변 사람들이 움직이니 세상이 자기 마음대로 되는 줄 착각한다. 교만과 위선이 하늘을 찌른다. 그러나 달은 둥글고 나면 다시 기울기 시작하고 항아리는 물이 가득 차면 더 이상 물을 담지 못하고 흘러넘친다. 주위 사람들이 하나둘 떠나고 결국 혼자만 남는다. 끝까지 올라간 용은 반드시 후회한다. 적당한 선에서 그칠 줄 알아야지 끝까지 올라가려다간 스스로를 망친다. 지위가 높을수록 겸손이 필요하다.

노자는 "족함을 알면 욕되지 않고 멈춤을 알면 위태롭지 않아 오래갈 수 있다"고 말한다. 욕되고 위태로운 길을 가지 않으려면 자신의 위치와 상황을 잘 헤아려야 한다. 자신의 자리를 두려워할 줄 알아야 하고, 자신의 역량보다 조금 모자란 자리에 앉을 줄 알아야 한다. 탐욕이 지나치면 과분한 행동이 된다. 나의 설 자리가 어디이고 내가 해야 할 일이 무엇이며 내가 가는 길이 어디인지를 잘 아는 것, 이를 수분守分이라 한다. 과분이 아닌 수분의 자세가 멈춤의 지혜일 것이다.

세상에는 염치를 버리고 위험함을 무릅쓰면서까지 이익을 좇는 자가 있다. 천 길의 강물에서 돛대가 꺾여 위태로운 상황이건만 앞으로 나아가기만 할 뿐 물러설 줄 모르는 사람이 있다. 성과주의로 대표되는 물질의 욕망 앞에서 멈출 줄 모른다. 앞에서 우르르 달려가니 생각할 겨를도 없이 무작정 앞을 향해 달려간다. 그러나 인생에서 중요한 것은 남보다 빨리 가는 데 있지 않다. 인생의 성패를 결정짓는 것은 내가 어디로 가느냐에 있다. 조급히 뛰던 길에서 멈추어 서서 나의 자리를 점검할 수 있어야 한다. 단번에 멈출 수 있는 현자는 못될지언정 멈추고 또 멈추면서 욕망을 조절할 수 있는 지혜를 터득해 가야 할 것이다.

홍길주는 묻는다. "그대는 위험한 곳을 만나 멈췄는가? 아니면 순탄한 곳을 만나 멈췄는가?"

그대는 뜻을 얻고
멈췄는가?
아니면
뜻을 잃은 후에
멈췄는가?

쉬어야 하는 이유

현대인은 쉬고 싶어도 뒤처질까 불안해서 잠시도 쉴 틈이 없다. 생계 걱정에, 조금이라도 더 벌기 위해 일해야 한다. 휴일에도 일하고, 쉬는 시간에도 일한다. 내가 걷고 있는 길이 정말로 행복의 길인지 생각할 겨를도 없다. 여기 한 학자의 조언을 들어보자.

　강희맹姜希孟은 조선 초기에 서거정과 쌍벽을 이룬 뛰어난 문장가이다. 세종 시절에 과거에 장원 급제한 이래 세조, 예종, 성종 삼 대에 걸쳐 왕의 신임을 받아 높은 벼슬을 두루 거쳤다. 부지런하고 꼼꼼한 성격으로 노련한 정치가의 면모를 보여주기도 했다. 말년엔 벼슬에서 물러나 금양현지금의 경기도 시흥에서 살았다. 금양은 작은 규모였으나 경치가 매우 뛰어난 곳이었다. 강희맹은 이곳에서 자신의 견문을 바탕으로 농사 전반을 기록한 『금양잡록(衿陽雜錄)』을 썼다. 또한 이 지역에 관곡지라는 연못을 만들어 중국에서 들여온 연꽃 씨를 심고 재배하여 널리 퍼뜨리기도 했다. 이곳에서 그는 지난 삶을 돌아볼 기회를 가졌다. 쉬지 않고 달려온 지난 세월 걸어온 길이 과연 자신과 맞는 길이었는지를 깊이 살펴보았다.

강희맹의 친구 중에 홍군(洪君)이 있었다. 홍군이 충청도 회덕 현감에서 면직되어 금양의 별장에서 지내게 되었다. 어느 여름날 강희맹은 편을 갈라 활쏘기를 겨루고 술잔을 기울이는 향사(鄕射) 모임을 갖게 되었다. 술잔이 서너 차례 돌자 흥이 거나해진 홍군이 술잔을 치켜들었다.

"나는 대대로 이곳에 살아서 정자의 나무가 아름드리가 되었는데도, 정자의 이름조차 짓지 못하고 있으니 부끄럽네."

강희맹은 쉼의 의미를 정자 이름에 붙여주고 싶었다.

"자네는 인생에 큰 즐거움이 있어도 즐거움을 모르고 큰 병이 있어도 병으로 여기지 않는 것을 아는가?"

홍군은 고개를 갸웃했다.

"무슨 말인지 모르겠네."

이에 강희맹은 쉼의 의미에 대해 들려주었다.

> 사람의 병은 쉬지 못해서인데, 세상은 쉬지 않는 것을 즐거움으로 여긴다. 왜일까? 사람의 수명은 길지가 않아서 백 년의 수명을 누리는 자는 만 명에 하나 둘뿐이다. 백 살을 산 사람이라도 어릴 때와 늙고 병든 햇수를 제외하면 건강하게 산 날은 불과 사오십 년이다. 그 사이에 성공과 실패, 영화로움과 욕됨, 즐거움과 슬픔, 이로움과 해로움이 병이 되어 정신을 해친 경우를 제외하면 웃으며 즐겁고 쾌활하게 쉬었던 날 역시 몇 달에 불과하다. 하물며 백 년을 살지 못하면서 끝없는 근심과 걱정을 감당해서야 되겠는가? 그리하여 세상 사람들은 근심과 걱정에 얽매여 끝내 휴식을 기약하지 못한다.
>
> 강희맹, 「만휴정기萬休亭記」

인생은 아무리 오래 산들 고작 백 년이다. 그 가운데 철부지 어릴 적과 늙은 때를 제외하면 건강한 시절은 사오십 년이고, 그 가운데 생계와 삶의 무게를 견디며 힘들게 일했던 날들을 빼면 제대로 쉰 날은 몇 달에 불과하다. 그럼에도 앞날에 대한 근심과 걱정 때문에 쉴 날을 기약하지도 못한다. 쉬어야 충전을 할 수 있건만 쉬는 것을 병이라고 여겨 끝내 쉼 없이 일만 한다는 것이 강희맹의 생각이었다. 강희맹 자신도 인생의 성공을 위해 쉼 없이 달려왔다. 그러나 뒤를 돌아보니 권력의 맛에 빠져 진정한 쉼을 모르고 아등바등 살아온 세월이 못내 아쉬웠을 것이다.

현대인도 경쟁에 뒤처지면 낙오될지 모른다는 초조감에 쫓기듯 살아간다. 에스컬레이터를 타면서도 걸어가고, '빨리빨리'를 입에 달고 다닌다. 하루에도 나를 돌아볼 단 한 시간의 여유도 갖지 못한 채 앞만 향해 달려간다. 쉬고 싶어도 불안해서 쉬지를 못한다. 내가 어디로 가고 있는 것인지 돌아볼 겨를도 없이 타인의 욕망을 좇아 허겁지겁 살아간다.

그러나 인생의 성공은 얼마나 빨리 가느냐에 있지 않다. 도착했더니 내가 소망한 길이 아니라면 어찌할 것인가? 조금 더디더라도 제대로 된 길을 가는 방향성이 중요하다. 달리던 길에서 잠시 멈추어 서서 내가 가고 있는 길이 제대로 된 길인지를 가만히 돌아보라. 더 멀리 가기 위해선 잠시 쉬면서 힘을 비축해야 한다. 개구리가 더 멀리 뛰기 위해 한껏 움츠리듯이, 제대로 쉬어야 더 멀리 나아갈 수 있다.

달리던 길에서
잠시 멈추어 서서
내가 가고 있는 길이
제대로 된 길인지를
가만히 돌아보라.

생의 마지막에

인생은 어느 순간을 살아가든, 어느 날엔 반드시 죽음을 맞는다. 단 한 번뿐인 인생, 생의 마지막을 앞두고 인간은 무슨 말을 남길까? 『논어』의 「태백泰伯」편에서는 "새는 죽을 때 그 울음이 슬프고 사람은 죽을 때 그 말이 착하다"고 했다. 인생을 어떻게 살았든 간에, 죽음을 앞둔 인간의 말은 가장 선하고 참되다는 뜻이다. 산 자에게 남기는 마지막 말이 유언이다. 유언은 가장 진실하면서 슬픈, 떠나가는 이의 마지막 부탁이다.

한충韓忠은 조선 중종 때의 문인이다. 자는 서경恕卿이다. 서재를 지어 그 주변에 세 그루의 소나무를 심은 후 '삼송정三松亭'이라 이름 붙인 후 송재松齋로 호를 삼았다. 한충은 어려서부터 음악에 소질이 많았다. 성품이 진솔하고 강직했으며, 총명했다. 스물일곱 살에 별시에 장원급제한 후, 벼슬을 밟아갔다. 정치 혁신을 단행하던 조광조 밑에 들어가 도의의 친구를 맺고 개혁에 동참했다. 남산의 조용한 곳에 집을 짓고 살 때는 업무를 끝내고 돌아오면 조광조, 충암冲菴 김정金淨과 함께 이불과 긴 베개를 두고 함께 잠을 자기도 했다.

  인생에는 내게 도움을 주는 친구도 있지만, 해를 끼치는 사람도 있다. 싫은 사람과 잘못 얽히면 자칫 삶을 큰 비극으로 몰아가기도 한다. 한충의 나이 서른세 살에 주청사奏請使, 정치, 외교적으로 요청할 일이 있을 때 중국에 임시로 파견된 사신인 남곤南袞의 서장관이 되어 명나라에 사신을 가게 되었다. 이성계가 이인임의 후손이라고 잘못 기록한 중국의 『명기집략明紀輯略』이라는 책을 바로잡기 위한 목적이었다. 남곤은 평소에 한충이 아첨꾼으로 여긴 훈구파의 대표적인 인물이었다. 사행 중에 남곤과는 말도 섞지 않았다. 도중에 남곤이 병이 들었을 때 부사인 이자李耔가 약을 지어 먹이려 하자 한충이 말렸다. "저 자는 반드시 사류士類를 피로 물들일 것이오"라며 말렸던 사실이 남곤의 귀에 들어갔다. 남곤은 몹시 기분이 나빴고 한충을 해치고자 했다. 점쟁이를 몰래 불러 한충의 길흉을 물어볼 정도였다. 귀국 후에 한충이 직제학을 거쳐 좌부승지로 계속 승진하자 남곤은 엉뚱한 구실을 붙여 충청도 수군절도사로 쫓아내 버렸다.

곧이어 기묘사화己卯士禍가 일어났다. 남곤·심정沈貞 등 훈구파가 개혁 정책을 펼치던 조광조 등을 죽이고 권력을 잡았다. 한충은 조광조의 측근이라는 죄목으로 사형을 언도받았다가 감형되어 거제도로 유배되었다. 그가 유배에서 풀려날 즈음 이번엔 신사무옥辛巳誣獄이 일어났다. 훈구파를 없애기 위한 회합 모임이 있다는 제보가 들어온 것이다. 이때 명단 중에 황서경黃瑞慶이란 이름이 있었는데, 서경이란 이름이 한충의 자와 같았다. 남곤이 이를 빌미삼아 그를 옥에 가두어 버렸다. 한 인간에게 밉보인 대가는 가혹한 것이었다. 한충은 살아서 나갈 수 없음을 직감했다. 죽음이 바로 앞에 있었다. 애써 얻었던 사회적 인정, 영화로움은 닥쳐올 죽음 앞에서 의미 없는 것이 되고 말았다. 앞으로만 달려갔던 삶에 후회가 밀려왔고 비로소 소중한 사람들이 떠올랐다.

한충에겐 아들이 셋 있었다. 생의 마지막에 그는 자식들이 떠올랐고 자식들에게 아버지의 마지막 목소리를 들려주고 싶었다. 그래서 종이를 몰래 구해 아들에게 유언을 썼다.

몸 밖의 영화와 몰락, 안락과 근심 같은 것은 마땅히 모두 하늘이 하는 바를 따르되 마음에 담지 마라. 저절로 이르는 것이라도 옳은 것을 가려서 받고, 이르지 않는 것은 이를 구할 까닭이 없다. 이것이 바로 죽을 때까지 발을 붙이고 서 있을 자리다. 조금이라도 옮기거나 바꿔서는 안 된다. (……) 나는 일찍 부모님이 세상을 떠나셔서, 배움이 정밀하지 않았는데 나아감을 구했고, 덕이 서지 않았는데도 가려고 했다. 바람 먼지는 자욱하고 해와 달은 빛을 잃어 위로는 임금을 요순의 경지로 이끌지 못했고, 아래로는 나 자신을 고요皐陶나 기夔 같은 반열에 두지 못했다. 맹수의 어금니와 독사의 독이 좌우에서 달려들어 이 지경에 이르렀다. 어둠 속에 버려짐이 심하고 후회함이 오래되었으나 어찌 족히 말하겠느냐? 이는 내가 자신을 징계하고 너희에게 바라는 것이니, 밖에서 이르는 것을 나의 영화로 삼으려 하지 마라. 이제 형장의 칼날이 문에 이른 것을 보고 종이를 빌려 겨우 쓴다. 너희는 죽을 때까지 잊지 않도록 해야 한다.

한충韓忠,「계자서戒子書」

'형장의 칼날이 문에 이른 것을 보고 종이를 빌려 겨우 쓴다'는 마지막 말이 애처롭다. 그가 한 아버지로서 자식에게 바란 것은 마음을 잘 붙들어 나가고, 부귀영화에 마음 쓰지 말며, 저절로 오는 행운일지라도 옳은 것만 취하고, 오지도 않는 것에 아등바등 매달리지 말라는 것이었다. 여느 계자서와 같이 공부하라, 가문을 빛내라는 딱딱한 훈계가 아니었다. 세상을 어떤 태도로 받아들여야 하는지에 대한 담담한 당부의 말이었다. 마지막 말에 이르러 지내온 나날을 반성하고, 죽음으로 내몰린 삶에 대한 회한을 내비친 것은 자식들이 아버지의 불행을 밟지 않기를 바라는 마음에서였을 것이다. 생의 마지막에 이르러 아버지는 자식들 앞에서 비로소 속마음을 열고 덕없이 나아가고자 했던 어리석은 삶을 솔직하게 고백했다. 자신의 삶을 경계함으로써 자식들은 부모보다 더 나은 길을 걸어가기를 바랐다.

곧이어 중종이 직접 신문한 결과 그가 죄가 없다는 것을 알고 눈물을 흘리며 풀어줄 것을 명했다. 하지만 다음날 남곤이 보낸 하수인에 의해 감옥에서 살해되었다. 그의 나이 서른여섯이었다. 그가 생의 마지막에서 가장 먼저 떠올린 것은 가장 사랑하는 이들이었고, 가장 바란 것은 사랑하는 이가 단단하게 잘 성장하는 것이었다. 훗날 죄가 풀려 이조판서에

추증되었다.

우리 인생도 언젠가는 생의 마지막에 직면할 것이다. 한충과 같이 극적인 상황은 아닐지라도 어느 순간 바로 죽음 앞에서 사랑하는 이와 이별하고 그 앞날을 빌어주는 상황을 맞게 될 것이다. 사랑하는 이에게 나는 무슨 말을 남길 것인가? 남겨진 사람들에게 부끄러움 없는 모습으로 떠날 수 있을까? 남은 이들에게 아름다운 흔적을 보여줄 수 있도록, 하루하루 진실하고 성실하게 살아가리라 다짐해본다.

> 인생을 어떻게 살았든 간에,
> 죽음을 앞둔 인간의 말은
> 가장 선하고 참되다.

내일은 없다

 정신없이 바삐 돌아가는 세상에서 사람들은 한가함을 꿈꾼다. 하지만 정작 한가한 시간이 나면 잠을 자거나 게임을 하거나 수다를 떨면서 시간을 보낸다. 혹은 어제의 실수에 연연하거나 내일의 일을 고민하다 흘려보내기도 한다. "오늘 내가 헛되이 보낸 하루는, 어제 죽은 사람이 간절히 바라던 하루이다"라는 말처럼 누군가에겐 간절한 '오늘 하루'를, 우리는 하릴없이 보내곤 한다.

 혜환 이용휴는 오늘의 중요성을 깊이 깨달은 사람이다. 그는 평소 제자들에게 하루하루를 성실하게 살라고 가르쳤다. 좋은 하루와 나쁜 하루가 따로 정해져 있는 것이 아니라 하루를 사용하는 사람에게 달렸을 뿐이라고 가르쳤다. 하루를 허투루 보내서는 안 되며 날마다 자신을 갈고닦아서 성장하도록 힘써야 한다고 강조했다.

혜환의 제자 가운데 신군申君이 있었다. 그는 총명한 젊은이였으나 배움에 힘을 쏟기보다 친구들과 어울리며 노는 일이 많았다. 신군은 한창 젊은 나이였는지라 설령 오늘 배우지 않더라도 무한한 내일이 있다고 생각한 모양이다. 혜환은 다음의 기문記文을 지어 그를 타일렀다.

> 사람이 오늘이 있다는 것을 모르면서 세상의 도리를 그르치게 되었다. 어제는 이미 지나갔고 내일은 아직 오지 않았으니 하고자 하는 것이 있다면 오늘에 있을 뿐이다. 지난 과거는 다시 돌이킬 방법이 없고 미래는 비록 삼만 육천 일이 계속 이어져 오더라도 그날에는 각기 그날에 마땅히 해야 할 것이 있으니 진실로 다음날로 미룰 만한 여력이 없다. 한가함은 경전에 실려 있지도 않고 성인도 말한 적이 없는데 한가함에 맡겨 하루를 허비하는 사람이 있으니 괴이한 일이다. 이에 따라 우주 간의 일에 그 몫을 다하지 않은 사람이 많은 것이다. 하늘은 스스로 한가하

> 지 못하여 항상 운행하는데 사람이 어찌 한가할 수 있겠는가?

이용휴, 「**당일헌기**當日軒記」

어제라는 날은 이미 가버렸다. 아무리 후회하고 아쉬워한들 다시 돌아오지 않는다. 내일은 아직 오지 않았다. 아직 일어나지도 않는 일에 대해 미리 걱정한다고 해결되는 건 없다. 내일 일어날 일이 오늘에 일어나지는 않는다. 어제와 내일은 지금 존재하지도 않고 붙잡을 수도 없는 시간이다. 오직 내가 붙잡을 수 있는 시간은 오늘뿐이다. 오늘의 시간은 인생에 단 한 번뿐이다. 내일의 오늘은 지금의 오늘과는 다른 하루다. 오늘 하루를 그냥 보낸다면 어제와 내일도 그냥 흘려보낸 시간이 된다. 반면 오늘을 성실하게 살면 어제가 충실한 삶이 되고 내일이 충실한 삶이 된다. 오늘은 어제와 내일의 연결고리여서, 오늘에 성실하고 오늘에 전념할 수 있다면 삶은 충만함으로 가득하게 된다.

혜환은 계속해서 신군에게 다음과 같이 깨우쳤다.

"이보게 신군. 하루가 쌓여 열흘이 되고, 다시 한 달이 되며, 일 년이 되네. 그러니 사람은 날마다 힘써 스스로 닦아가며 성장해야 하지. 지금 자네는 공부에 힘써야 할 때라네.

그 공부는 오직 오늘에 있을 뿐이니 내일을 말해선 안 되네. 공부하지 않은 날은 살지 않은 것과 마찬가지니 공친 날과 같네. 자네는 모름지기 눈앞에 환하게 빛나는 이날을 공친 날로 만들지 말고 오늘로 만들게."

　　오늘이 쌓여 일주일이 되고, 한 달이 되며, 인생이 되고, 역사가 된다. 그러니 내일이 있다는 핑계로 지금을 허투루 살지 말고 오직 '오늘'을 충실하게 공부하며 살라는 당부를 담았다. 사람들은 눈앞의 일은 소홀히 생각하고 잡히지 않는 것을 좇으려 한다. 그러나 미래는 오늘이라는 시간이 차곡차곡 쌓여 이루어진 것이다. 지금 내 눈앞의 일, 오늘 내가 해야 할 일을 묵묵히 해나가다 보면 먼 미래가 충만함으로 가득해질 것이다.

> 오늘 배우지 않고서 내일이 있다고 말하지 말며 올해 배우지 않고서 내년이 있다고 말하지 말라. 해와 달은 지나가고 세월은 나를 위해 천천히 가지 않는다. 아, 늙었구나, 이 누구의 허물인가? 소년은 늙기 쉽고 학문은 이루기 어려우니, 잠시라도 시간을 가볍게 여기지 말라.
>
> 　　　　　　　　　　　　　　　주자, 「권학문勸學文」

오늘 하루를
그냥 보낸다면
어제와 내일도
그냥 흘려보낸 시간이 된다.

나이 듦의 의미

나이 든다는 것은 단순히 나이가 더 늘어나는 데 그치지 않는다. 기력은 쇠약해지고 눈은 침침해지며 피부는 쭈글쭈글해진다. 의욕은 갈수록 떨어져서 곧 죽을 터인데 더 배워봤자 무슨 소용인가 싶다. 화창한 아침, 창창했던 한낮은 지나갔고 곧 어둠이 찾아올 것이다. 조금만 지나면 완전히 깜깜해지겠지. 깜깜해지면 아무것도 할 수 없으리라. 그러나 조선 후기의 문신인 정호는 다르게 생각했다.

장암丈巖 정호鄭澔는 『관동별곡』의 작가인 송강 정철의 현손손자의 손자이자 우암 송시열의 제자이다. 그는 부모로부터는 청렴과 결백을 배우고 스승인 송시열에게는 예와 의에 대

오우아

해 배웠다. 스승의 길을 따라 노론의 입장을 지녔는데 타협하지 않는 대쪽 같은 성격 탓에 다른 당파와 충돌이 잦았고 여러 번 귀양을 다녀왔다.

그는 늘그막에도 귀양을 갔다. 숙종 36년인 예순세 살에도 죄를 지어 외진 곳으로 귀양을 가게 되었다. 이미 환갑을 넘긴 나이에 외진 곳으로 귀양 가는 이의 심정은 어떠했을까? 여느 사람이라면 꿈도 희망도 잃은 채 자신에게 닥친 가혹한 운명을 한탄하며 보냈을 것이다. 혹은 남은 생을 그저 편히 쉬면서 지내겠다고 생각할 수도 있다. 그러나 정호는 새롭게 마음을 다잡았다.

> 사광師曠이 말했다.
> "어려서 배우는 것은 해가 막 떠오를 때와 같고, 젊어서 배우는 것은 해가 한가운데 있는 것과 같으며, 늙어서 배우는 것은 밤에 촛불을 들고 있는 것과 같다."
> 젊은 시절 배우면 더없이 좋지만 이미 늙어 배워도 늦었다고 말하지 말라. 촛불로 밤을 밝혀도 어둠은 밝아지니 끊임없이 비추면 밝음은 계속 이어진다. 해와 촛불이 비록 다르지만 밝음은 같고, 그 밝음은

> 같지만 그 맛은 더욱 참되다. 위나라 무공은 나이 아
> 흔에 시를 지어 늙어서도 더욱 힘썼으니 그는 나의
> 스승이로다.
>
> 정호, 「노학잠 老學箴」

사광은 중국 춘추시대 진나라의 음악가이다. 진나라의 평공平公이 그에게 말하길, "내 나이가 일흔일곱이 되었으니 지금 배우기엔 너무 늦은 것 같소"라고 했더니 사광은 위와 같이 해와 촛불의 비유를 들어 나이 듦이 갖는 의미를 말해주었다고 한다.

젊은 시절의 배움은 해가 한가운데 환하게 떠 있는 것과 같이 활기차다. 나이 들어서 배우는 것은 한밤중에 작은 촛불을 켜는 것처럼 미미하다. 그러나 작은 촛불일지라도 어두운 밤을 빛나게 하고 계속 켜두고 있으면 그 밝음은 이어진다. 비록 촛불이 해처럼 환하게 비출 수는 없다 해도 촛불 정도의 빛으로 세상을 비추고 어둠을 물러가게 한다. 밝은 대낮에 비추는 햇빛보다 어두운 밤에 비추는 촛불이 그 본래의 역할을 잘 수행하는 것일지도 모른다.

이와 같은 생각에 이르자 정호는 낙담하는 대신 귀양지에서도 열심히 책을 읽었다. 그리하여 귀양에서 풀려나고 나

서, 뒤늦은 나이에 성균관 대사성, 예조 참의를 거쳐 경기도 관찰사를 비롯해 예조참판, 이조참판 등을 역임했다. 칠십 대에는 이조판서, 예조판서를 비롯해 우의정과 좌의정을 거쳐 최고의 자리인 영의정까지 이르렀다. 늦은 나이에도 좌절하거나 용기를 꺾지 않음으로써 촛불의 역할을 다할 수 있었다.

김영수 시인은 「고독이 사랑에 닿을 때」라는 시에서 다음과 같이 노래했다. '늙고 있다는 것이 / 기쁨일 수 있다는 것은 / 얼마나 다행스러운 일인가? / 내가 어쩌다 이런 행운과 함께 / 늙고 있는지 감사할 따름이다. / 더 늙어서도 / 더욱 깊은 기쁨과 설렘의 골짜기에 / 들 수 있기를 간절히 기도한다.'

나이 듦이 슬픈 것이 아니라 더 이상 어떤 일에도 흥미가 생기지 않는 게 슬픈 것이다. 나이 들어서도 할 수 있는 일은 여전히 많다. 공자는 나이 오십이 되어서야 비로소 하늘의 뜻을 아는 나이, 즉 지천명知天命이 된다고 했다. 나이 들어서도 꿈을 꿀 수 있다면, 어둠을 밝히려는 소망을 잃지 않는다면, 나이 든다는 것은 기쁨과 설렘의 골짜기로 들어가는 일이 될 것이다.

나이 듦이
슬픈 것이 아니라
더 이상 어떤 일에도
흥미가 생기지 않는 게
슬픈 것이다.

나는 구름이고 싶다

인생은 내 마음과 같지 않아서 작은 일조차 뜻대로 되지 않을 때가 많다. 잘하고 싶지만 실수가 따르고 생각지 못한 곳에서 갈등이 생긴다. 좋은 사람도 부딪히다 보면 실망을 주고 가까운 사람이 오히려 큰 상처를 준다. 쉬고 싶지만 쉴 수가 없고 떠나고 싶다고 떠날 수 있는 게 아니다. 나는 어찌할까? 자유롭게 떠다니는 구름이고 싶다.

　　백운거사白雲居士 이규보李奎報는 구름이고 싶었던 사람이다. 태어난 지 이 년 뒤에 무신의 난이 일어났다. 집안이 가난하고 변변하지 못했으나 그 또한 유학자였기에 무신들이 권력을 잡은 상황은 훗날 그에게 스산한 삶을 안겨주었다. 넉넉하지 않은 환경에서 태어났기에 집안을 일으켜야 하는 책임감을 안고 열심히 과거를 준비했다. 아홉 살 때 시를 지을 정도로 신동으로 알려졌건만 연거푸 과거 시험에 떨어졌다.

스물두 살이던 어느 날 그는 꿈을 꾸었다. 꿈에서 검은 베옷을 입은 촌로들이 술을 마시고 있었는데, 가만히 살피니 별자리의 정령들인 28수宿였다. 올해 과거에 합격할 수 있는지를 묻자 문예를 담당하는 규성奎星이 말했다.

"자네는 꼭 장원급제할 것이네. 이는 천기天機니 누설하지 말게."

그리하여 그는 규성을 맡은 노인이 알려주었다 하여 이름을 규보奎報로 바꾸고 과거에 응시, 일등으로 급제했다. 실로 삼전사기 끝의 결실이었다.

그는 앞길이 활짝 열릴 것이라 기대했다. 그러나 현실은 녹록하지 않았다. 무신들이 권력을 잡고 있던 상황이라 문인이 참여할 기회가 적었다. 식량이 떨어져 끼니를 잇지 못하는 상황도 많았다.

하지만 그는 낙천적인 성격이라서 주눅 들지 않고 즐겁게 살려고 했다. 술을 엄청 좋아해서 누군가 부르면 달려 나갔다가 잔뜩 취해서 돌아오곤 했다. 시와 거문고, 술을 좋아한다는 뜻으로 스스로를 삼혹호三酷好 선생이라 자처할 정도였다.

그는 기분파였고 즉흥적으로 행동했다. 거침없는 성격은 주변 사람들의 미움을 샀다. 벼슬길은 열리지 않았고 가난한 생활은 계속되었다. 게다가 스물네 살에는 아버지마저 돌아가셨다.

그는 세상이 내 마음 같지 않구나 느꼈을 것이다. 답답해진 그는 개성 북쪽에 있는 천마산으로 들어갔다. 빽빽한 나뭇잎 사이로 삐져나오는 바람, 높은 산 위로 유유히 흘러가는 구름. 어느 것 하나 자유롭지 않은 것이 없었다. 자연은 그에게 바람과 같이, 구름과 같이 살아가라고 권하는 것 같았다. 그는 흘러가는 구름에 자신의 마음을 담아 호를 백운거사라 지었다. 이름이 온전한 의미를 드러내주지는 못하는 법, 누군가 물었다.

"자네는 속세를 벗어나 푸른 산에 들어가 흰 구름 속에 누우려는 건가? 어째서 그런 호를 지었는가?"

이에 대한 이규보의 대답은 이러하다.

> 대개 구름이라는 것은 뭉게뭉게 피어나 한가롭게 떠다니지. 산에도 머물지 않고 하늘에도 매이지 않으며 동서東西로 떠다니며 그 자취가 구애받는 곳이 없

네. 잠깐 사이에 변화하니 처음과 끝을 헤아릴 수 없지. 뭉게뭉게 성대하게 퍼져나가는 모양은 군자가 세상에 나가는 것 같고 슬며시 걷히는 모습은 고결한 선비가 은둔하는 것 같네. 비를 내려 가뭄을 소생시키니 어짊이요, 왔다가는 머물지 않고 떠날 때는 연연해 않으니 통달한 것이네. 색이 푸르거나 누르거나 붉거나 검은 것은 구름의 본래 색이 아니네. 오직 아무런 색깔 없이 흰 것이 구름의 정상적인 색이지. 덕이 이미 저와 같고 색이 또한 이와 같으니, 만약 구름을 사모하여 배운다면 세상에 나가서는 만물에 은택을 주고 집에 머무를 때는 마음을 비워, 그 하얀 깨끗함을 지키고 그 정상에 거하겠지. 그리하여 무하유지향無何有之鄕, 있는 것이란 아무것도 없는 곳이라는 말로, 장자가 추구한 무위자연의 이상향을 뜻함로 들어가면 구름이 나인지 내가 구름인지 알 수 없을 것이네. 이와 같다면 옛사람이 얻고자 했던 실제와 가깝지 않겠는가?

이규보, 「백운거사어록白雲居士語錄」

구름은 자유롭다. 뭉게뭉게 피어올라 자유자재로 떠다닌다. 높은 나무도 높은 산도 구름이 가는데 방해되지 않는다. 바람이 부는 대로 몸을 맡기고 동서남북 어디든 훨훨 떠다닌다. 비울수록 높이 떠올라 미련도 남기지 않은 채 유유자적 떠간다. 또 구름은 순수하다. 구름의 본래 빛깔은 희디희다. 상황에 따라 푸르렀다 검었다 하지 않는다. 오직 하나의 빛깔만을 한결같이 간직한다. 억지를 부리지 않으며 순리를 따라 흘러간다. 거친 바람이 불면 부는 대로, 산들바람이 불면 부는 대로 상황에 몸을 맡기고 떠간다. 또 구름은 생명을 살린다. 만물에 차별 없이 비를 내려주고 자신은 온전히 비운다. 무엇을 바라거나 기대하지 않고, 아무런 소리도 빛깔도 없는 텅 빈 세계로 사라진다.

　　보장할 수 없는 막연한 미래, 가장으로서 책임져야 하는 가족들, 나의 행동을 욕하는 사람들, 이 모든 얽매임에서 벗어나 그는 자유롭고 싶었을 것이다. 모든 생명이 평등한 차별 없는 세상을 소망했고, 약자의 아픔을 어루만져주는 좋은 글쟁이가 되고 싶었다. 그는 이 모든 소망을 백운거사라는 호에 담았다.

　　하지만 삶이란 늘 그렇듯이 기대는 현실과 어긋난다. 이후의 삶이 그의 바람대로 나아간 것 같지는 않다. 서른두 살에 비로소 벼슬살이를 시작했고 낮은 관직을 전전하다가 노년에 이르러 그의 능력을 펼치며 높은 벼슬살이를 했다.

오우아

그러나 무신 정권에 협력했다는 이유로 끊임없이 따가운 눈총을 받았고, 삶의 처신에 대한 분분한 논란을 일으켰다. 어지럽고 혼란한 시대에, 생계를 위해 원치 않는 곳에 몸을 두는 삶을 살아가야 했던 그였기에 백운의 소망은 항상 간절한 꿈으로 남았을 것이다.

그렇지만 현실에서 이룰 수 없었던 그 꿈은 문학으로 실현되어 갔다. 그는 당시의 규범이나 이데올로기에 얽매이지 않고 다양한 사상을 두루 포용하여 자유로운 정신으로 나아갔다. 만물은 모두 똑같다는 생각 아래 생명의 연약함을 따뜻한 연민의 시선으로 바라보았다. 고통받는 백성들의 현실에 가슴 아파하며 이들의 괴로움을 형상화했다. 심지어 쥐나 이 등 인간에게 해를 끼치는 미물들도 소중한 존재로 그려냈다. 그는 만물에 은택을 내리고 연약한 생명을 살리는 좋은 글쟁이로 살아갔다. 그는 문학의 공간에선 자유로운 구름이었다.

모든 일이 뜻대로 되는 인생은 별로 없다. 때로는 예기치 않은 파도에 몸을 맡기며, 혹은 나의 의지와는 무관한 일에 휩쓸려, 때로는 번번한 실패를 겪으며 시간과 함께 떠다니는 것이 인생이다. 머물고 싶다고 머물 수 있는 게 아니다.

그렇다면 그저 구름처럼 부는 바람에 몸을 맡기며 살아

가는 것은 어떨까? 때로는 비를 내려주기도 하면서 가다 보면 어느 순간 자신을 텅 비우고 절대 자유의 세계에 도달해 있을 것이다.

때로는 예기치 않은
파도에 몸을 맡기며,
혹은 나의 의지와는
무관한 일에 휩쓸려,
때로는 번번한 실패를
겪으며 시간과 함께
떠다니는 것이 인생이다.

소똥구리는 여의주를
부러워하지 않는다

 큰 것, 비싼 것을 좋아하는 마음은 인지상정인가 보다. 심지어 낮은 데로 향해야 할 교회와 절도 큰 건물을 자랑한다. 장관이나 의사는 귀하게 여기고 농부나 청소부는 하찮게 여긴다. 더 큰 문제는 나의 큰 것으로 남의 작은 것을 무시하고 깔본다는 데 있다. 나의 큰 차로 남의 작은 차를 무시하고, 나의 큰 집으로 남의 작은 집을 비웃는다. 내가 걸친 비싼 옷으로 남의 평범한 옷을 깔보고 나의 높은 지위로 남의 낮은 지위를 무시한다. 큰 것, 비싼 것이 자신의 존재를 증명한다고 생각하는 모양이다. "너도 공부 안 하면 저 사람처럼 돼"라는 폭언을 스스럼없이 하는 것이 우리 사회의 슬픈 자화상이다.

나는 꽃 중에서도 안개꽃을 좋아한다. 안개꽃은 장미나 백합 주변을 둘러싸서 화려한 꽃을 돋보이게 해주는 역할을 한다. 있어도 그만 없어도 그만이다. 있어도 눈에 띄지 않는 존재, 작고 평범한 존재에 대해 사람들은 관심을 기울이지 않는다. 그러나 이 작고 보잘것없는 꽃 덕분에 장미는 더욱 빛난다. 오히려 안개꽃은 어느 꽃이든 가리지 않고 어울리면서 자신만의 존재 가치를 발한다.

모든 존재는 각자 쓰임새와 역할이 다를 뿐 그 가치는 동등하다. 이것이 더 낫다거나 저것이 더 낫다고 말할 수는 없으며, 각자 상황에 적합한 쓸모가 있을 따름이다. 의사는 병을 고쳐서 세상에 기여하는 것이고, 환경미화원은 우리 사는 지구를 깨끗하게 만들어 세상에 공헌하는 것이다. 각자의 영역을 존중하고 자신이 가진 것을 소중히 여긴다면 세상은 한층 아름다워질 것이다.

> 소똥구리는 소똥 경단을 스스로 아끼기에 용의 여의주를 부러워하지 않는다. 용도 여의주를 가졌다고 해서 스스로 뽐내고 잘난 체하며 저 소똥 경단을 비웃지 않는다.
>
> **이덕무, 「선귤당농소」**

사람들은 화려하고 값비싼 물건에만 눈길을 보낸다. 그러나 정작 삶에서 꼭 필요한 것은 일상의 평범하고 작은 것에 있다. 이덕무의 여의주와 소똥 경단 비유는 모든 것이 다 소중하고 가치 있다고 이야기한다.

    용의 턱 밑에는 여의주如意珠가 있다. 여의란 '뜻대로 된다'는 뜻이니 여의주는 마음대로 할 수 있는 구슬이다. 사람이 이 구슬을 얻으면 원하는 바를 모두 이룰 수 있다고 한다. 대부분 사람이 귀하게 여기는 구슬이다. 반면 소똥구리에게는 소똥 경단이 있다. 소똥 경단은 소의 똥으로 만들었기 때문에 냄새도 고약하고 더럽다. 소똥에 미끄러지면 정말 재수 없다고 말한다. 그렇지만 소똥구리는 소똥 경단을 잘 보관했다가 식량으로 삼기도 하고 알을 낳기도 한다.

    여의주와 소똥은 하나의 상징적 코드다. 여의주가 중심 가치, 귀한 것, 쓸모 있는 것을 상징한다면 소똥은 주변 가치, 천한 것, 쓸모없는 것을 의미한다. 하지만 소똥구리 입장에서는 오히려 여의주가 쓸모없다. 소똥구리에겐 오직 소똥 경단만이 필요하다. 용도 소똥구리에겐 소똥이 필요한 걸 알기에 자신에게 여의주가 있다고 해서 소똥구리를 비웃지 않는다. 이것이 더 낫다, 저것이 더 낫다고 말해서는 안 되며 각자 상황에 적합한 쓸모가 있을 뿐이다. 하늘의 눈으로 보면 중심과 주변은 동등한 가치를 갖는다. 무엇이 더 귀하다거나 천하다는 생각은 인간의 욕망이 만들어낸 차별에 불과하다.

그러니 나는 내가 가진 것을 사랑하겠다. 남들이 하찮게 여겨도 나는 내가 하는 일, 내가 가진 것이 내게는 정말로 소중하고 꼭 필요한 것임을 잘 안다. 다른 것은 다양한 것 중의 하나일 뿐 틀린 것이 아니다. 소똥구리는 여의주를 부러워하지 않는다.

무엇이 더 귀하다거나
천하다는 생각은
인간의 욕망이 만들어낸
차별에 불과하다.

아름다움은 오래 머무르지 않는다

인생은 내 마음 같지 않다. 원하는 것을 얻으려 애를 쓰지만 바라는 것을 얻기란 쉽지가 않다. 때로는 뜻밖의 사건과 맞닥뜨려 예상과는 전혀 다른 삶이 펼쳐지기도 한다. 그러고 싶은 건 아니었는데, 내 의지로는 어찌할 수 없는 운명이 삶을 끝없는 긴장으로 밀어 넣는다. 그 굴레를 벗어나기 위해 외롭게 버티어가는 사이, 얼굴엔 주름이 자글자글해지고 흰머리가 수북하다. 어느 날 문득 거울을 보라. 쓸쓸하게 늙어가는 내가 있다.

    이옥李鈺은 꽃과 물을 사랑했고 감수성이 풍부했다. 문체반정의 유일한 실질적 피해자로 잘 알려져 있지만 군대를 세 번 갔다는 사실이 더욱 인상 깊다. 이옥은 경기도 남양(지금의 화성)의 변변치 못한 가문에서 태어났다. 그 역시 남들처럼 청운의 뜻을 품고 과거 시험을 준비, 서른한 살에 성균관 유생이 되었다. 서른여섯 살 때 임금의 행차를 기념한 글을 썼는데, 글을 본 정조가 문체가 괴이하다며 정거(停擧), 곧 과거 응시 자격을 정지시키고 반성문을 쓰게 했다. 과거 시험일이 다가오자 충군(充軍)의 벌로 바꾸어 주었다. 충군은 군대를 다녀오는 것이다. 충청도 정산현(지금의 청원군)에서 몇 개월 군 복무를 한 그는 과거에 응시했다. 하지만 이번에도 정조는 그의 문체가 초쇄하다고 지적하며 충군을 명했다.『예기(禮記)』「악기(樂記)」에 "초쇄한 음악이 일어나면 백성들이 슬퍼하고 근심한다."라고 하였으니, 초쇄란 슬픈 감정을 불러일으키는 문체다. 그의 글엔 자신도 모르는 슬프고 근심스런 흔적이 배어 있었던 것이다.

두 번째 군 복무는 경상도 삼가현(지금의 합천군)이었다. 이러한 상황이 힘들었을 테지만, 그는 최선을 다해 과거를 준비했다. 그리하여 다음 해 2월, 별시의 초시(初試)에서 당당히 일등을 차지했다. 하지만 기쁨도 잠시, 정조는 그가 쓴 책문(策文)이 격식에 어긋난다는 이유로 꼴등으로 강등시켰다.

과연 그는 의도적으로 문학적 신념을 굽히지 않았던 걸

까? 계속 과거 시험에 도전한 것을 보면 그는 합격해서 꿈을 펼치고자 하는 열망이 있었던 듯하다. 그렇다면 그는 그런 글을 쓸 수밖에 없는 사람이 아니었을까? 자신도 알지 못하는 사이에 나오는 내면화된 자기 문체 혹은 기질이 드러난 것일 수도 있다.

다음 해 그는 실의에 젖어 고향인 남양으로 돌아왔다. 그런데 황당하게도 삼가현에서 군대 소환 통지서가 날아들었다. 예전 삼가현에 다녀올 때 행정 절차를 밟지 않아 그의 이름이 여전히 군적에 등록되어 있었던 것이다. 그는 또다시 군대를 가야 했다. 그리하여 그는 역사상 군대를 세 번 다녀온 흔치 않은 사람이 되었다.

그의 꿈은 이것으로 끝이었다. 그는 스스로 고백했듯, 본인은 갈 길 잃은 사람이었다. 재능이 뛰어났던 한 젊은이의 꿈은 절대 권력의 핍박으로 좌절되었다. 그는 출세를 위한 글을 쓰는 대신 자신의 글을 쓰기로 했다. 그것은 소품小品 성격의 글쓰기였다. 쉽지 않은 선택이었을 것이다. 한 집안의 가장으로서, 기대를 걸었을 부모의 자식으로서, 그 모든 삶의 무게를 끌어안고 가야 하는 외로운 길이었다. 그러나 철저히 고립되었을 그 자신을 구해줄 방편 또한 글쓰기였다. 그는 글을 씀으로써 근심을 잊었고 글을 씀으로써 자기를 구원해갔다.

나이 오십을 한 해 앞둔 어느 날, 거울을 보던 이옥李鈺은 깜짝 놀랐다. 거울에 비친 자신의 얼굴이 팍 늙어 있었다. 또래 친구들과 비교해 봐도 자신의 얼굴이 더 늙어 보였다. 이옥은 문득 서럽고 외로웠다. 나의 이 슬픔을 누구에게 하소연해야 하나? 이옥은 거울에게 하소연한다.

> 나는 모르겠다. 너의 얼굴에서 지난날엔 가을 물처럼 가볍고 맑던 피부가 어이해 마른 나무처럼 축 늘어졌느냐? 지난날 연꽃이 물든 듯 노을이 빛나는 것 같던 뺨이 어찌하여 돌이끼의 검푸른 빛이 되었느냐? 지난날 구슬처럼 영롱하고 거울처럼 반짝이던 눈이 어이해 안개에 가린 해처럼 빛을 잃었느냐? 지난날 다림질한 비단 같고 볕에 쬔 비단 같던 이마가 어찌하여 늙은 귤의 씨방처럼 되었느냐? 지난날 보들보들하고 풍성하던 눈썹이 어이해 촉 땅의 누에처럼 말라 쭈그러졌느냐? 지난날 칼처럼 꼿꼿하고 갠 하늘의 구름처럼 풍성하던 머리카락이 어이해 부들 숲처럼 황폐해졌느냐? 지난날 단사丹砂를 마신 듯 앵두를 머금은 것 같던 입술이 어이해 붉은 빛 사라진 해진 주머니 같이 되었느냐? 지난날 단단한 성곽 같

> 던 치아가 어찌해 비스듬해지고 누렇게 되었느냐? 지난날 봄풀 갓 돋은 것 같던 수염이 어이해 흰 실이 길게 늘어진 듯 되었느냐? 지금의 얼굴로 옛날의 얼굴을 대면해보면 친척, 형제들이 서로 비슷할 수도 있으련만 어찌 그리도 다르단 말이냐?
>
> 이옥, 「거울에게 묻다鏡問」

자기 얼굴의 쇠락을 이토록 애잔하면서 절절하게 표현한 글을 본 적이 있던가? 얼굴 부위 하나하나 놓치지 않고 곡진하게 묘사하고 있다. 문체 때문에 평생의 꿈이 막히고 이러구러 하는 사이에 인생은 흘러 쭈글쭈글 늙고 말았다. 그는 팍 삭아버린 자신의 모습이 퍽 서러웠을 것이다. 허나 그는 자신과 정면으로 마주했다. 자신을 정면으로 응시할 수 있는 자는 문제로부터 도망가지 않는다. 저 반복되는 자기 늙어감의 표현은 뼛속 깊은 억울함과 외로움에 무너지지 않고, 자신의 초라한 얼굴을 정면으로 마주함으로써 고된 삶에 굳건히 맞서가려는 자기 의지의 표현 방식으로 읽힌다. 거울은 다음과 같이 위로한다.

> 아름다움은 진실로 오래 머무를 수 없고 명예는 진실로 영원토록 함께 못한다. 빨리 쇠하여 변하는 것은 진실로 이치이다. 그대는 어찌 절절히 그것을 의심하며 또 어찌 우울히 그것을 슬퍼하는가?
>
> **이옥, 「거울에게 묻다」**

영원한 것은 없고 변하는 것은 자연의 섭리이니 담담히 받아들이라는 것이다. 거울의 말은 스스로에게 건네는 자기 위로이자 안간힘이다. 운명을 받아들이고 나아가겠다는 자기 다짐이기도 하다. 누구에게도 터놓을 수 없어 거울에게 하소연하는 그의 마음이 애잔하다.

    사람은 늙는다. 정도의 차이는 있을 테지만 육신이 쇠잔해지는 것은 누구도 막을 수가 없다. 머리는 희끗해지고 주름살은 하나둘 늘어나며 눈은 침침해진다. 그럴 때면 자신감이 약해지고 욕구를 잃어버린다. 그러나 아름다움은 영원히 머무르지 않는다. 생명이 늙어가는 건 자연의 이치이다. 명예가 아무리 소중하다 한들 순식간에 허물어질 때가 있고, 죽으면 아무 것도 아니게 된다. 그러니 거울의 위로처럼 나이 듦을 순순하게 받아들이는 것이 현명한 태도일 것이다. 그리고 그 나이에 맞는 자기 할 일을 따라 삶을 긍정하며 살아가면 그뿐일 것이다.

나이 듦을 순순하게 받아들이고
그 나이에 맞는 자기 할 일을 따라
삶을 긍정하며 살아가면 그뿐.

사랑하기에 멀리하노라

　우리 고전 최고의 미인을 꼽으라면 단연 수로 부인이다. 수로 부인은 신라 성덕왕 때 순정공純貞公의 부인이다. 미모가 워낙 빼어나서 온갖 잡신들이 호시탐탐 그녀를 탐낼 정도였다. 수로 부인이 강릉 태수로 부임하는 남편을 따라가던 중 바닷가에서 점심을 먹게 되었다. 옆에는 병풍을 두른 듯한 깎아지른 벼랑이 있었다. 문득 그녀의 눈에 벼랑 위에 탐스럽게 핀 진달래꽃이 들어왔다. 그녀는 그 꽃이 갖고 싶었다. "누가 나를 위해 저 꽃을 꺾어다 줄 수 있겠느냐?"라고 말하자 죽음의 위험을 무릅쓰고 선뜻 나서는 사람이 없었다. 그때 옆에서 암소를 끌고 가던 한 노인이 그 말을 듣고 벼랑 위에 올라가 꽃을 따와서는 「헌화가獻花歌」를 지어 함께 바쳤다. 수로 부인은 왜 하필 위험천만한 벼랑 위의 꽃을 탐냈을까? 아무도 손댈 수 없는 '벼랑 위의 꽃'이었기에 욕심이 났을 것이다. 인간의 아름다움이 자연 최고의 미를 만난 것이다. 그 꽃을 꺾으려면 목숨을 걸어야 하는 일이었다. 그러나 인간은 목숨을 걸고서라도 미에 탐닉하는 존재이다. 인간 최고의 미인은 가장 아름다운 꽃을 탐냈고, 소 끄는 노인은 부끄러움을 잊고서 인간 최고의 아름다움을 욕망했다.

꽃은 참 매혹적인 사물이다. 꽃의 향기와 빛깔은 인간을 잡아끌기에 충분하다. 꽃은 그 향기와 자태를 뽐내면서 끈질기게 인간을 유혹해 왔다. 조선 후기의 김덕형은 아침에 일어나자마자 화원으로 달려가 꽃 아래에 자리를 깔고 누워, 종일토록 눈도 깜박이지 않은 채 꽃만 바라보았다. 사람들이 미쳤다고 손가락질해도 개의치 않고 오로지 꽃에 미쳐 지냈다. 백화암百花庵 유박柳璞은 남의 집에 값진 꽃이 있다는 말을 들으면 천금을 주고라도 반드시 구해 왔으며, 외국의 배에 진귀한 꽃이 있다는 소문을 들으면 만 리를 달려가 구해 왔다. 매화를 지극히 사랑한 퇴계 선생은 마지막 유언으로, "저 매화에 물을 줘라"는 말을 남겼다. 사람들은 꽃에 사로잡혀 꽃을 가까이하고 꽃을 즐겼다.

그러나 매혹적인 사물일수록 더욱 위험하다. 성리학에서는 사물에 탐닉하지 말라고 가르친다. 이른바 사물에 탐닉하면 도를 해친다는 완물상지玩物喪志의 정신이다. 성리학의 관점에서 꽃은 인간의 내면을 해치는 위험한 존재였다. 꽃은 덕을 해치고 마음을 다치게 하는, 가까이해서는 안 되는 사물이었다. 가장 끌리는 존재지만 멀리해야 하는 이 딜레마를 어떻게 할 것인가?

그리하여 선비들은 꽃에서 인간의 덕목을 찾았다. 꽃을 수양의 방편으로 삼아 꽃을 기르는 행위는 마음을 수양하는 일임을 강조했다. 꽃에 등급을 매기고 등급이 높은 꽃을 가까이했다. 꽃에도 차별이 이루어졌다. 이른바 군자의 꽃인 매화, 난초, 국화, 대나무는 그렇게 탄생했다. 선비들은 사군자에서 운치와 절조를 찾아냈다. 양화養花는 꽃을 기르는 일이면서 덕을 기르는 일이었다. 가장 미적인 꽃조차 윤리적으로 이해되었다.

그런데 꽃을 차별하지 않고 그 자체로 사랑한 이가 있었으니 바로 문무자文無子 이옥이다. 이옥은 어릴 적부터 수십 종의 꽃이 피어 있는 마당에서 자랐다. 매화외사梅花外史, 매암梅菴, 매화초자梅花樵者, 화석자花石子, 화서외사花漵外史, 도화유수관주인桃花流水館主人 등에서 보듯이 그는 자신의 호를 주로 꽃

이름으로 지었다. 늙어가면서는 꽃을 더욱 사랑해서 하루라도 꽃이 없어서는 안 된다고 고백했다. 다시 태어나면 기이한 꽃과 초목이 많이 자라는 중국의 대리大理 지방에서 태어나고 싶다고 소망했다. 현재 전해지지는 않지만 『화국삼사花國三史』를 지었다는 기록도 있다. 이옥은 꽃의 등급을 가리지 않고 어떤 종류의 꽃이든 가까이하고 즐겼다.

남양지금의 화성시에서 태어난 이옥은 성균관에 합격했다. 과거 준비를 하는 중에도 이옥은 틈만 나면 한양의 이곳저곳을 돌아다니며 꽃구경을 했다. 남산, 북한산, 화개동, 도화동 등 구석구석을 누비고 다녔다. 1790년대 초의 어느 봄날이었다. 따뜻한 봄날을 맞아 사람들은 꽃 구경을 다니느라 바빴다. 하지만 어찌된 일인지 이옥은 집 안에서 꼼짝하지 않았다. 지인인 동원공東園公이 의아하게 여겨 이옥에게 "사람들이 모두 꽃구경을 다니는데 자네는 어찌 꽃에 그리 무심한가?"라고 물었다. 이옥은 꽃을 너무 사랑해서 꽃을 멀리한다는 재미있는 답변을 들려주었다.

> 큰 은혜는 은혜를 끊고, 큰 자비는 자비를 끊으며, 큰 연민은 연민을 끊고, 큰 사랑은 사랑을 끊습니다. 재상의 지위에 올라 큰 녹봉을 받는 것을 누가 사랑하

지 않을까요? 오직 은사隱士가 가장 사랑하지만, 그걸 잃거나 빼앗길까 염려하여 애초에 거하지 않는 것입니다. 깊숙한 안방 부드러운 베갯머리에서 아름다운 여인을 가까이하는 것을 누가 사랑하지 않을까요? 오직 석가가 가장 사랑하지만, 이별과 그리움이 두려운 까닭에 애초에 사귀지 않은 것입니다. 붉고 흰 온갖 꽃들의 품격 있는 빛깔과 고운 향기를 누가 사랑하지 않을까요? 오직 내가 가장 사랑하지만, 봄날 비바람과 함께 떠나가는 것이 두려워 애초에 소유하지 않는 것입니다. 세상 사람들의 사랑은 얕은 사랑이고 내가 꽃을 사랑함은 절실한 사랑입니다. 저 운남雲南 그 땅에는 봄은 있고 가을은 없으며 겨울에 진달래꽃을 비롯해 아욱꽃, 홍매화, 장미꽃, 계수나무꽃, 수선화 등 오색의 꽃을 보면 모두 사계절 화려할 것입니다. 아! 내가 그 땅을 고향 삼으면 나는 반드시 숲 아래 집을 지을 것입니다."

이옥,「꽃 이야기花說」

누군가는 사랑은 쟁취하는 것이라 주장한다. 그러나 이옥은 아니라고 말한다. 그것은 평범한 인간들의 방식이다. 진정한 사랑은 떠나보내는 것이다. 왜냐? 이옥은 말하길, 큰 자비는 자비를 끊고 큰 사랑은 사랑을 끊는다. 석가가 인간의 욕망을 끊은 것은 그가 아름다운 여인을 가장 사랑했지만, 이별과 그리움이 두려워 가까이하지 않은 것이다. 만남에는 반드시 이별이 정해져 있다. 누군가를 깊이 좋아할수록 헤어짐의 상실감도 그만큼 커진다. 그러니 그 이별의 상실감을 겪고 싶지 않아서 아예 처음부터 가까이하지 않는다는 것이다.

이옥의 마음을 지배하는 것은 '떠나감'에 대한 두려움이다. 너무나 사랑하기에 사라지는 것을 차마 볼 수 없는 마음이 아예 꽃을 외면하게 했다. 사랑하는 이를 옆에 두고도 그윽한 슬픔을 느껴본 적이 있는가? 사랑하는 사람도 언젠가는 떠날 수밖에 없다는 자각에 이르면 사랑의 깊이만큼 상실의 두려움도 커지는 것이다.

사람들은 꽃에서 향기와 아름다움을 찾는다. 그러나 조선 시대의 마음 여린 한 선비는 꽃에서 사라짐을 떠올렸다. 존재의 소멸은 가장 실존적인 체험이다. 그가 꽃에 대해 느끼는 미의식은 처연한 아름다움이다. 꽃이 비바람과 함께 떠나가는 것이 두렵기에 그 아름다움을 차마 즐기지 못하고 아예 끊어버리려는 것이다. 그 감성은 여린 감성에 바탕을 둔 허무와 무상성이다. 이옥에 이르러 격물치지가 해체되고 문학이

도덕에서 분리되는 순수 서정의 현장을 눈으로 확인한다.
    수로 부인은 꽃을 꺾어 가지려 했지만, 이옥은 꽃을 놓아주려 했다. 수로 부인은 꽃을 좋아한 사람이었고, 이옥은 꽃을 사랑한 사람이었다.

누군가는 사랑은
쟁취하는 것이라 말한다.
하지만 진정한 사랑은
떠나보내는 것이다.

봄바람을 불어주다

중국의 춘추전국시대 때 양나라의 재상이었던 맹간자(孟簡子)가 죄를 지어 제나라로 망명가게 되었다. 제나라의 재상인 관중이 그를 직접 맞이했다. 일국의 재상이었던 자가 초췌한 몰골에 허름한 옷을 걸친 채 고작 세 명의 일행을 데리고 오자 관중이 의아해서 물었다.

"재상을 지낼 때 식객이 고작 세 사람뿐이었던가요?"

"삼천 명이 넘었지요."

"다 떠났군요. 세 사람은 어찌하여 당신을 따라온 것인지요?"

"한 사람은 그의 아비 장례를 치를 돈이 없을 때 제가

장례를 치러주었고, 한 사람은 어미가 죽었을 때 제가 장례를 치르도록 도와주었지요. 또 한 사람은 그의 형이 억울하게 감옥에 갇혔을 때 풀려나도록 힘써 주었습니다."

맹간자 일행을 안내해주고 나서 돌아오는 길에 관중은 크게 한숨을 내쉬었다.

"맹간자를 보니 내 앞날을 떠올리게 되는구나. 나도 언젠가는 맹간자보다 더 큰 어려움을 겪을지도 모른다. 나는 과연 봄바람을 남에게 불어넣어 준 적이 있었던가? 여름비처럼 남을 적셔 준 적이 있었던가?"

관중은 따뜻한 봄바람이 생명을 살리는 것처럼, 여름비가 온갖 농작물에 은택을 베푸는 것처럼 어려운 이들에게 도움을 주며 살았는지를 되돌아본 것이다. 이로부터 봄바람을 남에게 불어넣어 준다는 춘풍풍인春風風人이라는 말이 나왔다.

세상에는 베풀 줄은 모르고 보답만 바라는 사람이 있다. 남보다 하나라도 더 많이 가져야만 더 행복해진다고 믿는 사람이 있다. 그러나 독차지해서 얻는 기쁨이 진짜 행복인지를 묻지 않을 수 없다.

중국 오나라의 동봉董奉의 삶은 진정한 나눔의 의미를 되새기게 한다. 그는 못 고치는 병이 없을 정도로 실력이 뛰어나 자신의 의술을 통해 큰돈을 벌 수 있었다. 하지만 동봉은 가난한 환자가 오면 돈을 받지 않았다. 치료비를 받지 않으면 금방 망한다는 제자들의 만류에도 동봉은 "의원은 환자를 살리는 게 제일이다"라며 자신의 뜻을 굽히지 않았다.

병이 나은 환자들은 조금이라도 보답하고 싶은 마음에 문 앞에 돈을 놓아두고 가거나 제자들에게 전해주곤 했다. 할 수 없이 동봉은 대안을 마련해 알렸다.

"오늘부터 병이 심한 환자는 살구나무 다섯 그루, 병이 가벼운 환자는 살구나무 한 그루씩 내 뒤뜰에 심도록 하시오. 그것이 치료비요."

환자들은 기뻐하며 치료비 대신 살구나무를 심었다. 몇 년 뒤 동봉의 집 뒤편에는 커다란 살구나무 숲이 생겼다. 동봉은 살구나무의 열매를 따서 곡식으로 바꾼 다음 가난한 사람들에게 나누어 주었다.

인간은 손을 꼭 쥔 채 태어나 손을 꼭 움켜쥐고 죽는다. 어릴 때는 움켜쥔 것을 빼앗기면 엉엉 운다. 빼앗기지 않기 위해 아예 입으로 삼켜 버리기까지 한다. 인간은 움켜쥔 것은 절대 빼앗기고 싶지 않으려는 본능이 있다. 그러나 죽어서 가져갈 수 있는 것은 아무것도 없다. 천하를 정복했던 알렉산더Alexander 대왕은 자신이 죽거든 빈손을 관 밖으로 내어달라고 유언했다. 죽을 때는 빈손으로 떠난다는 사실을 세상 사람들에게 알리고 싶었던 것이다.

　꼭 많이 가져야만 베풀 수 있는 것은 아니다. 수십억을 갖고 있어도 자기 배만 채우는 사람이 있고 단돈 몇 천 원으로 누군가를 행복하게 해주는 사람이 있다. 단돈 백 원이면 아프리카의 배고픈 아이에게 한 끼의 밥을 먹일 수 있고, 단돈 만 원이면 에티오피아의 굶어 죽어가는 아이 한 명을 한 달 동안 먹일 수 있다. 나눔의 가치는 액수가 아니라 마음의 크기에 달려 있다.

죽어서 가져갈 수 있는 것은
아무것도 없다.

똥은 아름답다

인간은 작고 쓸모없는 존재엔 눈길을 주지 않는다. 무시하고 소외시키고 비웃는다. 더럽다며 구석으로 몰아낸다. 그중 가장 작고 쓸모없는 사물을 상징하는 것이 똥이다. 똥은 사람이나 동물이 먹은 음식물을 소화하여 항문으로 내보내는 찌꺼기이다. 한자로 분糞이다. 쌀 미米와 다를 이異로 이루어졌으니 쌀의 다른 모습이란 뜻을 갖는다. 밥이 곧 똥이고 똥이 곧 밥인 것이다. '재를 버리는 자는 곤장 삼십 대이고, 똥을 버리는 자는 곤장 오십 대'라고 하여 옛 사람들은 똥을 소중한 자원으로 생각하기도 했다.

하지만 미적으로 보자면 똥은 가장 쓸모없는 사물이다.

똥은 가장 더럽고 냄새 나는 존재를 상징한다. 누구도 똥을 가까이하려 하지 않는다. 코를 막고 피한다. 권정생의 『강아지 똥』에서, 온갖 생명체들이 강아지 똥을 무시하며 내뱉은 "너는 우리에게 아무 필요도 없어. 모두 찌꺼기뿐인 걸"이라는 비난들은 보통 사람들의 솔직한 생각이기도 하다. 똥은 지극히 작고 지극히 쓸모없다. 거들떠보지 않아서 소외되고, 중심에 서지 못하기에 항상 주변에 머문다.

그러나 위대한 예술가, 사상가는 작은 것이 아름답다고 말한다. 지극히 작은 똥에서 가장 위대한 쓸모를 발견한다. 이탈리아의 화가인 피에로 만초니Piero Manzoni는 스물아홉 살 때 자신의 똥을 구십 개의 작은 깡통에 담아 일련번호를 매긴 후 다음과 같이 적었다.

"예술가의 똥. 정량 30그램. 원상태로 보존됨. 1961년 5월 생산되어 깡통에 넣어짐."

그는 금의 무게와 똑같은 값에 똥 통조림을 팔았다. 배설물에 불과했던 똥은 예술가의 '작품'이 되었고, 그 통조림 중 하나는 근래 일억칠천만 원에 팔렸다고 한다.

장자도 이미 똥을 말한 바 있다. 동곽자東郭子가 장자에게 물었다.

"도道란 어디에 있습니까?"

"없는 곳이 없소."

"분명히 가르쳐 주십시오."

"땅강아지나 개미에게 있소."

"어째서 그렇게 낮습니까?"

"돌피나 피에 있소."

"어째서 점점 더 낮아집니까?"

"기와나 벽돌에도 있소."

"어째서 더 심하게 내려갑니까?"

"똥이나 오줌에도 있소."

이 이야기는 진리는 하나로 절대화할 수 없으며 가장 하찮은 사물에도 두루 존재한다는 가르침을 담고 있다. 피에로 만초니의 관점으로 말하자면 똥이나 금이나 그 값어치는 똑같은 것이다.

연암 박지원도 하찮은 똥에 주목한다. 연암은 깨진 기와 조각과 똥거름이 진짜 장관이라고 말한다.

> 나는 삼류 선비다. 장관은 기와 조각에 있고 장관은 똥 덩어리에 있다고 말하겠다. 저 깨진 기와 조각은 천하가 버리는 물건이다. 그러나 민간에서 어깨 높이 이상으로 담을 쌓을 때 깨진 기와 조각을 두 장씩

마주 놓아 물결무늬를 만들거나 넷을 모아 동그라미 무늬를 만들거나 네 조각을 등지게 하여 옛 엽전 모양을 만들 수 있다. 그러면 구멍이 영롱하게 뚫려 안팎이 마주 비치게 된다. 깨진 기와 조각을 버리지 않자 천하의 무늬가 여기에 있게 된 것이다. (……) 똥은 아주 더러운 물건이지만 거름으로 쓰일 때는 금인 양 아끼게 된다. 길에는 버린 똥 덩어리가 없고 말똥을 줍는 자는 삼태기를 둘러메고 말 꼬리를 따라다니기도 한다. 똥을 모아서는 네모반듯하게 쌓거나 혹은 여덟 모로 혹은 여섯 모로 혹은 누각 모양으로 쌓아 올린다. 똥 덩어리만 관찰해도 천하의 제도가 여기에 갖추어진 것이다. 그러므로 나는 말한다. 기와 조각과 똥 덩어리가 모두 장관이다. 굳이 성곽과 연못, 궁실과 누대, 점포와 사찰, 목축과 광활한 벌판, 기묘하고 환상적인 안개 숲만이 장관은 아닐 것이다.

박지원, 「일신수필 馹迅隨筆」

장관은 그 규모가 굉장하고 웅장해서 구경거리가 될 만한 볼거리란 뜻이다. 성곽과 궁실 등 기묘하고 환상적인 풍경 등이 이른바 장관으로 불리기에 마땅하다. 그러나 연암은 생뚱맞게 깨진 기와 조각과 똥 덩어리가 진정한 장관이라고 말한다. 깨진 기와 조각은 쓸모가 없어 천하가 버리는 물건이고 똥 덩어리는 세상에서 가장 더럽고 냄새 나는 사물이다. 둘은 일종의 폐기물일 따름이다. 그러나 연암은 가장 쓸모없는 것이 가장 위대한 문명의 본질이라고 말한다.

연암은 쓸모없는 것이 진짜로 쓸모 있다고 생각한 사람이다. 기와 조각과 똥이 위대한 볼거리라고 주장하는 '장관론壯觀論'은 단순히 실용성을 주장하는 글이 아니다. 우리 눈이 무엇을 어떻게 보아야 하는지를 말하려는 것이다. 지극히 조그맣고 하찮은 것을 자세히 살펴보는 눈을 가지라는 것이다.

노자는 『도덕경道德經』에서 이렇게 말한다. "작음을 보는 것이 밝음이다" 작은 것은 단순히 물리적인 크기만을 뜻하지 않는다. 사소하다 생각해서 눈에 띄지 않는 것, 하찮다 생각해서 보지 않는 것이다. 그러나 작은 것을 잘 관찰하면 지극한 이치가 여기에 있고 아주 묘하고 무궁무진한 조화가 들어있다. 지혜의 눈을 지닌 밝은 자는 작은 것을 본다.

바야흐로 큰 것만을 좇는 세상이다. 큰 집을 동경하고 큰 차를 바라며 큰 마트를 간다. 큰 권력을 좇고 큰 명예를 구하고 큰 이익을 따라간다. 욕망이 커질수록 '작은 것'은 놓일

자리가 없다. 우리 시대의 똥은 어디에 있는가? 간이역 앞 시골 읍내, 염천교 옆의 구두 거리, 막노동을 하는 아버지의 낡은 옷, 새벽 어스름에 밭이랑을 매는 어머니의 부르튼 손, 시골의 낡고 작은 교회 예배당, 가난한 청년의 어눌한 고백, 그리고 느릿느릿 달팽이의 움직임!

에른스트 슈마허 E. F. Schumacher는 말한다. "작은 것은 자유롭고 창조적이고 효과적이며 편하고 즐겁고 영원하다."

지혜의 눈을 지닌 밝은 자는
작은 것을 본다.

비울수록 채워진다

"베푸는 것이 최고의 소통이다." 이는 전 세계 네티즌에게 잔잔한 감동을 일으킨 태국의 한 광고 카피이다. 누군가에게 베푼 선한 행동이 훗날 더 큰 보답으로 돌아온다는 메시지를 담고 있다. 이런 광고가 많은 사람에게 널리 회자되는 것은 우리 사회가 남에게 베푸는 일에 인색해지고 있음을 반증하는 것이기도 하다. 현대사회는 욕망의 시대이다. 더 많이 소유하려고 하고 끊임없이 채우려 한다. 나누면 잃어버린다고 생각하고 베풀면 손해 본다고 생각한다. 개인도, 사회도 더욱 많이 움켜쥐려고만 한다. 그러나 고전은 나누어줄 때 더 많이 되돌려 받고, 사람들의 신뢰를 얻는다 말한다.

『논어論語』, 「이인里仁」 편에는 '덕불고德不孤 필유린必有隣'이라는 말이 나온다. 덕이 있는 사람은 외롭지 않으니 반드시 이웃이 있다는 뜻이다. 줄여서 덕필유린이라고 한다. 덕이 있으면 따르는 이가 많이 생겨 외롭지 않게 된다는 뜻이다. 덕이란 무엇일까? 덕은 한 개인의 삶에 나타나는 바람직한 인격을 말한다. 너그러운 마음과 품성, 상대방을 포용하는 마음, 은혜를 베푸는 마음이 덕이다. 덕이 많으면 후덕한 사람이 되고 덕이 없으면 박덕한 사람이 된다. 바르고 아름다운 행위를 하면 미덕을 갖춘 사람이 되고 도리에 어긋나는 못된 마음씨를 지니면 악덕한 사람이 된다. 다산 정약용은 덕이란 곧은 마음을 실천하는 것이라 했다. 곧 진정한 덕은 아름다운 내면이 실천으로 이어지는 것이다. 남에게 나누어주고 돕는 행위는 덕을 갖춘 사람의 이상적인 모습이다.

　덕이 있는 사람은 외롭지 않다. 반드시 이웃이 있다. 반대로 덕이 없는 사람은 외롭다. 주위에 이웃이 없다. 자기만을 생각하는 사람, 곧 박덕하고 악덕한 사람에겐 사람들이 다가오지 않는다. 피하고 꺼린다. 앞에서는 존중해주는 척해도 뒤에는 손가락질하고 욕을 한다. 그래서 덕이 없는 사람은 외롭다. 그러나 덕을 갖춘 사람은 '반드시' 이웃이 있다. '반드시'라고 말한 까닭은 틀림없고 분명한 사실이기 때문이다. 그러니 머뭇거리지 말고 반드시 덕을 갖추라는 간절한 요청이기도 하다. 공자는 덕을 아는 사람이 드물다고 하면서 "나는 덕을 좋아하기를 미색을 좋아하듯 하는 사람을 아직 보지 못했다"라고 했다. 인간은 이기적인 본성을 갖고 있어서 베푸는 덕을 갖춘 사람이 되기가 참 쉽지 않다.

남에게 베풀거나 내가 가진 것을 나누어주면 나만 손해라는 생각이 든다. 가진 것을 빼앗긴다는 손해 의식이 생긴다. 그러나 그 반대다. 나누어주면 '반드시' 이웃이 생긴다. 덕이 있는 사람은 남의 문제를 나의 문제처럼 돕고, 남과 경쟁하기보다는 남과 함께 어울린다. 덕이 있는 사람은 남의 좋은 점을 드러내주고 남의 단점은 숨겨준다. 사람들은 덕이 있는 사람에게서 인정을 받고 도움을 받으니 그를 따른다. 뜻과 생각을 같이하는 사람들이 '반드시' 그를 따르게 되어 선한 공동체가 만들어진다.

덕을 베푸는 행위는 결코 손해 보는 일이 아니다. 비울수록 사람들로 채워지고 나눌수록 마음은 풍성해진다. 나의 미덕과 후덕함을 보고 자연스레 사람들이 따르고 몰려든다. '너그러우면 대중의 마음을 얻는다'는 말도 있다. 나의 선한 행실을 보고 같은 뜻을 품고 있는 사람들이 자연스레 지지하게 되어 건강한 이웃 공동체를 만들어갈 것이다.

덕이 있는 사람은
외롭지 않다.
반드시 이웃이 있다.
덕이 없는 사람은
외롭다.
주위에 이웃이 없다.

4부 내 삶의 주인은 나다

당당히 혼자서 가는 길

나는 나를 믿는다

나는 세상의 중심이자 주체이다. 중국의 문화비평가인 린위탕林語堂은 "자유롭게 행동하라. 독립적이 되라"고 권면했다. 그러나 현실의 나는 남의 눈치를 보고 남이 시키는 대로 따라 하며 살아간다. 솔직하게 자기 생각을 말하지 못하고 남이 웃으면 따라 웃고 남이 울면 따라 운다. 내가 원하는 것을 욕망하는 것이 아니라 남이 욕망하는 것을 욕망하고 남이 행복하다고 말하는 것을 좇아간다. 어느 사이 내 목소리는 없고, 자존감이 바닥까지 내려간 나가 있다.

 자신을 소중히 여겨 말과 행동거지를 조심하며 품위를 지키는 것을 자중自重이라고 한다. 자신을 사랑하여 자기 몸을 아끼고 자신을 사랑하는 행위를 자애自愛라고 한다. 자중자애하며 살아갈 때 남도 나를 존중하고 따른다.

> 사람은 반드시 스스로 업신여긴 다음에 남이 업신여기고, 집은 반드시 스스로 허문 다음에 남이 허물며, 국가는 반드시 스스로 친 다음에 남이 친다.
>
> 『맹자』, 「이루離婁」

남이 나를 업신여기는 것은 내가 먼저 자신을 하찮게 여겼기 때문이다. 내가 나를 존중하고 몸가짐을 삼가면 남도 나를 함부로 하지 않고 정중하게 대한다. 반면 스스로를 비하하고 줏대 없이 행동하면 남도 내게 함부로 대한다. 자존감을 잃고 남의 눈치를 보는 까닭은 먼저는 나 스스로가 나를 사랑하지 못해서이다. 내가 나를 믿지 못하면 하늘도 어찌할 수가 없다. 맹자는 그 의미를 분명하게 하고자 "하늘이 일으킨 재앙은 피할 수 있지만, 스스로 만든 재앙은 피할 수 없다"고 강조했다.

누가 뭐래도 세상의 중심은 나 자신이다. 내가 나를 사랑하지 못하는데 누군들 나를 사랑하겠는가? 그러므로 나 자신을 믿고 주체적으로 살아가야 한다. 호남 실학의 시조로 평가받는 존재 위백규는 열 살 때 다음과 같은 좌우명을 지었다.

> 남을 보느니 나 자신을 보고 남에게서 듣느니 나 자신에게 듣겠다.
>
> **위백규, 「좌우명」**

그는 위의 문장을 벽에 붙여 놓고 다음과 같이 다짐했을 것이다. '누구에게 이끌려 가는 삶을 살지 말고 내가 이끌고 가는 삶을 살자. 남이 하자는 대로 따라가거나 남의 눈치를 보지 말고 내 목소리에 귀를 기울이자. 남의 이러쿵저러쿵 소리에 좌고우면左顧右眄하지 않고 나 자신을 믿으며 나아가리라.' 좌우명의 다짐과 같이 존재는 관계나 권력에는 신경 쓰지 않았다. 존재는 평생의 대부분을 이름 없는 선비로 지냈으며 교유 관계에 관한 기록은 거의 전해지지 않는다. 그러나 오롯하게 학문을 탐구하여 경세론 외에도 지리, 역사, 의학 등 다양한 학문 활동을 펼쳐 호남 실학의 기반을 닦은 인물로 우뚝 섰다.

나는 나일 뿐, 남이 아니다. 나 자신을 보고 나 자신에게 들으면 된다. 남의 목소리에 신경을 쓰다 보니 내 목소리를 잃었고, 남이 사는 모습을 부러워하다가 내 삶에 자신이 없어진 것이다. 남의 목소리에 신경 쓰지 않고 남의 삶에 관심을 두지 않는다면, 내가 내 목소리를 내지 못할 이유가 없고 내 삶을 긍정하지 않을 이유가 없다. 나는 지금까지 충분히 열심히 살아왔고 앞으로도 충분히 잘 해낼 것이다. 나는 가진 것이 적어도 얼마든지 잘 살아갈 수 있고, 어떤 곤궁함이나 어려움도 잘 이겨낼 것이다. 내가 나를 믿는다면 아무도 나를 어찌할 수가 없는 것이다.

당나라 때의 선승인 임제臨濟는 『임제록臨濟錄』에서 말한다. "가는 곳마다 주인이 되라. 서 있는 곳이 모두 참되다." 사람이나 주위 환경 따위에 휘둘리지 말고 삶의 주체로 서라. 그러면 어느 곳이든 내가 서 있는 곳이 참된 삶의 자리가 될 것이다. 삶은 결국 자신과의 싸움이다. 나의 주인은 오직 나뿐이다.

자존감을 잃고
남의 눈치를 보는 까닭은
먼저는 나 스스로가
나를 사랑하지 못해서이다.

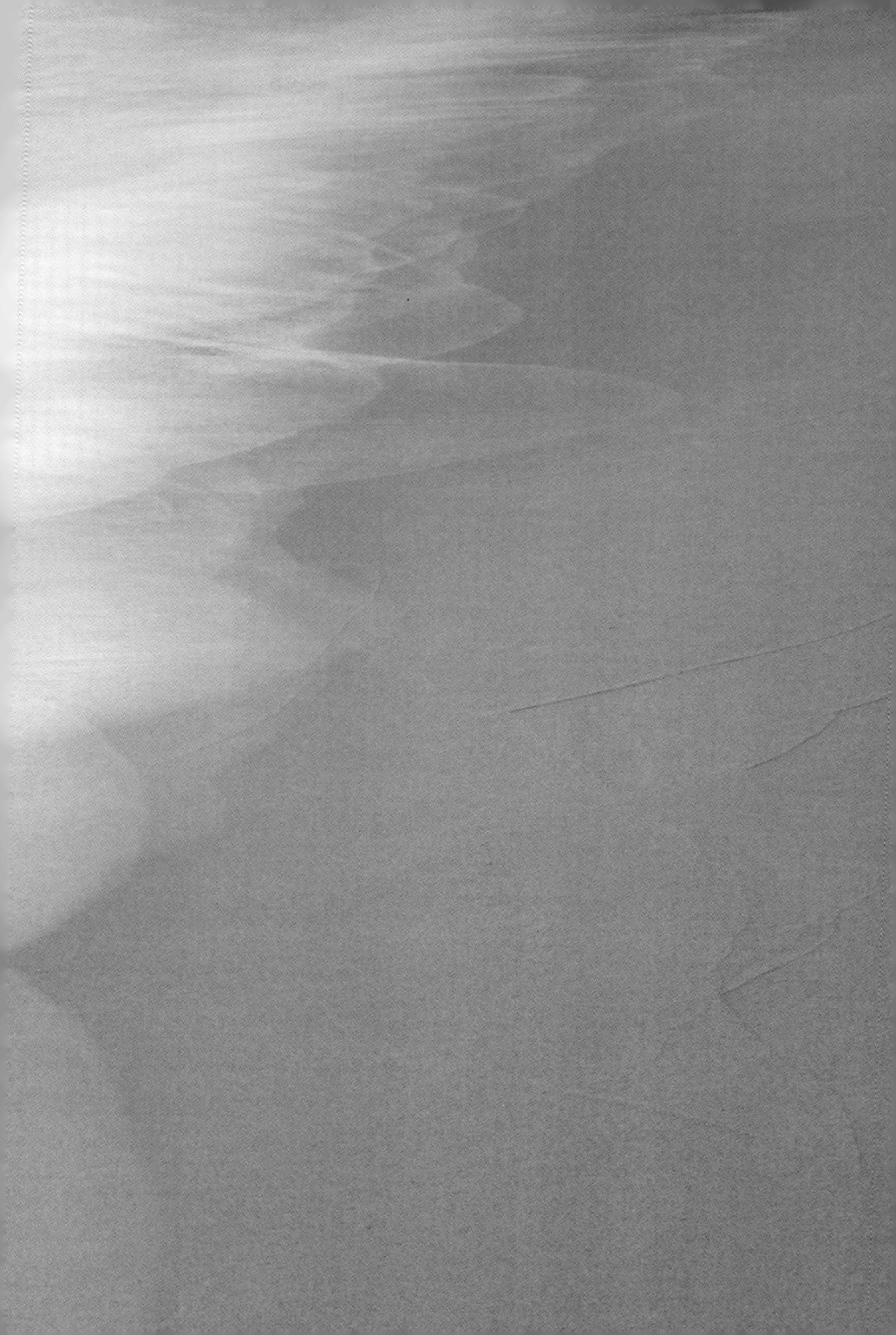

혼자서 가는 길

화이부동和而不同은 함께 어울리되 같음을 따르지 않는다는 뜻이다. 사람은 저마다 생각이 다르고 취향이 같지 않다. 그 차이와 다양성을 존중하며 조화를 이루어갈 뿐, 자신과 동일한 것으로 만들지 않는다. '화'가 차이와 다름을 인정하는 것이라면 '동'은 무리를 짓거나 편을 갈라 내 편으로 만들려는 행위이다. '우리'를 확인하기 위해 남을 내 편으로 만들려고 한다. 일심동체를 강조하고 내외를 따지는 사회에서 조직의 생각을 거스르기란 참 어렵다. 양심을 따라서 행동하기란 얼마나 어려운 일인가? 하지만 유몽인柳夢寅은 편 가르기에 동의하지 않고 외로운 길을 걸어갔다.

유몽인은 『어우야담於于野談』의 저자이다. 이름자 끝의 인寅은 십이간지의 하나인 호랑이[寅]를 상징한다. 그의 호 어우於于는 '과장하며 자랑하는 모습'이란 뜻으로 『장자』의 「천지」편에서 가져왔다. 공자를 비판하는 말로 쓰인 말을 자신의 호로 삼아 특정한 규범에 얽매이지 않고 나의 방식대로 살겠다는 뜻을 담았다. 그는 특정한 스승 밑에서 배우지 않고 홀로 사찰을 돌아다니며 공부하면서 자유로운 정신을 배워갔다. 서른한 살에 장원급제 했을때 『징비록懲毖錄』의 저자인 유성룡柳成龍은 그의 답안지에 대해 '백년 이래 처음 보는 기이한 문장'이라고 극찬했다.

하지만 관직에 오르면서 그는 실망스런 현실을 지켜봐야만 했다. 당시 조선 사회는 붕당 정치가 형성되고 있었다. 붕당은 개인의 신념보다는 당파적 입장을 우선할 것을 요구했고 줄을 세워 무리를 지었다. 유몽인은 깊이 고민했을 것이다. 자신이 속한 집단의 생각에서 벗어나 양심을 따르는 삶은 고달프고 외로운 길이다. 왕따를 감수하는 것은 물론, 삶의 기반을 잃어버릴지도 모른다. 그러나 그는 당파의 이익을 따르지 않고 옳다고 믿는 길을 가기로 했다. 뜻과 생각이 맞는 사람이 있으면 당파와 신분을 가리지 않고 사귀었다.

월사月沙 이정구李廷龜는 유몽인의 오랜 벗이었다. 둘은

젊은 시절 성균관에서 함께 공부하면서 가까워졌다. 조정에서 함께 일하면서 더욱 친해졌고 재상의 반열에 올라서는 한층 친밀해졌다. 성격도 다르고 직위도 달랐지만 뜻과 지향이 맞았다. 유몽인이 북인인 반면 이정구는 서인이었다. 당색의 차이를 뛰어넘어 둘은 변함없는 신뢰를 맺어갔다. 주변에서는 따가운 눈총을 보내고 음해도 했을 테지만 둘의 우정은 평생 지속된 것으로 확인된다.

1604년 3월, 이정구가 세자책봉 주청사를 맡아 중국으로 떠나게 되었다. 유몽인은 떠나는 벗에게 전별의 뜻을 담아 편지를 보낸다.

> 조정에서 선비들의 논의가 나뉜 뒤로 붕우의 도리를 어찌 끝까지 지킬 수 있겠는가? 벗 사귀는 도리는 하나인데 어찌하여 둘로 나뉘었는가? 둘도 오히려 불행한데 어찌하여 넷이 되고 다섯이 되었는가? 하나인 도리가 넷, 다섯으로 나뉘어 줄을 세워 사당을 만드니 한 개인에게 저버림이 없을 수 있겠는가? 한편에 들어간 사람은 각기 하나의 세력이 되어 나머지 네댓 편과 적이 되니 한 개인이 외롭지 않겠는가? (……) 나는 혼자다. 지금의 선비를 보건대 나와 같이

> 혼자가 있는가? 홀로 세상길을 가나니 친구 사귀는 도리를 어찌 한편에 붙으랴? 한편에 붙지 않기에 네 다섯이 모두 내 친구가 된다. 그런즉 나의 교유가 또한 넓지 않은가? 파벌의 차가움은 얼음을 얼릴 정도지만 내가 떨지 않으며 파벌의 뜨거움은 흙을 태울 정도이나 나는 불타지 않겠다. 될 것도 없고 안 될 것도 없이 오직 내 마음을 따르겠다. 내 마음이 돌아가는 곳은 오직 나 한 개인에 있을 뿐이다. 그 거취가 어찌 넉넉하고 여유가 있지 않겠는가?
>
> **유몽인, 「연경으로 가는 이정구에게 주는 글**贈李聖徵廷龜令公赴京序」

글에서 그는 당색으로 인해 생각이 둘로 나뉘고 넷, 다섯으로 쪼개지는 현실을 슬퍼한다. 사귐의 윤리도 당색에 따라 둘이 되고 넷이 된다. 개인의 이성과 상식은 사라지고 집단의 이념과 이익만이 강조된다. '나 하나 옳은 말 한다고 받아들여지겠어?' 하는 마음에 자기 생각을 정지하고 집단의 견해를 따라간다.

그는 왜 혼자라 말하는가? 삶의 줏대를 곧게 세워 한편에 빌붙지 않고 살겠다는 다짐이다. 이해관계에 얽매일 필요

없으니 푸른 것은 푸르다고 하고 붉은 것은 붉다고 말한다. 나를 얼게 만들거나 태우려는 눈초리들이 해칠 기회를 엿볼 것이다. 그러나 내 마음이 믿는 바를 따라 흔들림 없이 나아갈 것이다. 유몽인은 그렇게 다짐했다. '될 것도 없고 안 될 것도 없다'는 말은 공자의 말이다. 공자는 말하길, "군자는 천하의 일에 대해 오로지 주장하지도 않고 그렇게 하지 않는 것도 없어서 의義를 따를 뿐이다"라고 했다. 단 하나의 견해만을 고집하지 않고 의리를 따라 행동하겠다는 마음가짐을 공자의 말을 끌어와 이야기한 것이다.

이후 유몽인은 정치 현실에 실망하여 벼슬의 뜻을 접고 고향으로 내려가 살았다. 왕이 불러 다시 벼슬살이를 했으나 북인이 인목 대비 폐위를 주장했을 때 당파의 입장을 따라가지 않고 반대했다가 실각했다. 5년 후 인조반정이 일어나 서인이 집권하자 광해군 복위 운동을 꾀한다는 모함을 받아 죽임을 당했다. 광해군 시절엔 집권 세력인 북인의 견해에 반대했다가 죽을 위기까지 겪었음에도 서인이 권력을 잡자 북인이라는 이유로 역적으로 몰리고 말았다.

유몽인은 당대에는 역적이었지만 역사는 그를 다시 평가하기 시작했다. 백칠십여 년이 흐른 정조 대에 이르러 그의 신원은 복원되었다. 신원을 하교하는 글에서 정조는 다음과 같이 말했다. "유몽인은 갈라져 싸우는 사악한 의론을 돌아보아 명예와 이익을 헌신짝처럼 내던지고, 기꺼이 강호 사이에 자신을 맡겼다."

　내 편이냐 네 편이냐를 따지고 내 편만이 옳다고 주장하는 세태는 예나 지금이나 비슷해 보인다. 힘을 이용해 약자를 지배하고 자신과 동일한 곳으로 끌어들이려는 욕망도 여전하다. 그러나 '좋은 사람군자'은 함께 어울리되 한통속이 되지는 않는다. 차이와 다름을 인정함으로써 공존과 화해, 관용과 평화의 세계를 만들어간다. 다른 것은 다양한 것이지 틀린 것이 아니다.

될 것도 없고 안 될 것도 없이
오직 내 마음을 따르겠다.

돈 꿔주는 기술

참 난처한 요구 가운데 돈 꿔달라는 부탁이 있다. 부탁하는 사람이나 부탁받은 사람이나 곤혹스럽기는 매일반이다. 부탁하는 사람의 입장이야 얼마나 궁하면 자존심 내려놓고 구차하게 손을 벌리겠으며, 빠듯한 살림이지만 부탁을 매정하게 외면할 수만도 없는 사람의 심정은 또 어떠하겠는가? 그럴 때 위트와 재치를 발휘한다면 상황을 부드럽게 만들 수도 있지 않을까? 박지원과 박제가가 주고받은 편지글에는 이와 관련된 일화가 있다.

    연암 박지원은 노론 양반가로 태어나 뛰어난 문장 실력을 갖추었음에도 권력의 길을 거부하고 스스로 청빈한 삶을 택했다. 첫 관직을 얻어 벼슬을 시작했던 쉰 살까지는 툭하면 끼니를 거르기 일쑤였다. 장맛비가 열흘간 쏟아지던 어느 여름날, 연암의 쌀독이 며칠째 텅 비었다. 도저히 배고픔을 참을 수 없었던 연암은 제자인 초정 박제가에게 돈을 빌려달라는 글을 보냈다. 제자에게 돈을 꿔달라는 부탁은 참 민망한 일이다. 게다가 연암은 자존심이 강한 사람이었다. 그럼에도 구차하게 제자에게 손을 벌렸으니 사정이 아주 절박했거나 둘의 사이가 허물없었으리라. 연암은 빈 술병까지 보내어 술을 가득 채워 보내달라는 염치없는 부탁마저 덧붙였다.

> 공자가 진채[陳蔡]에서 겪은 일보다 곤액[困厄, 몹시 딱하고 어려운 사정과 재앙이 겹친 불운]이 심하지만, 도를 행하느라 그리된 것은 아니라네. 망령되이 안회의 누항[陋巷, 자기가 사는 거리나 동네를 겸손하게 이르는 말]에 비기면서, 그가 즐거워한 바가 무엇인지 구하고 있네. 무릎을 굽히지 않은 지 오래고 보니 어찌 좋은 벼슬의 자네가 나만 못하겠는가? 내 거듭 절하네. 많으면 많을수록 좋네. 여기 또 술병을 보내니 가득 담아 보내줌이 어떤가?
>
> 박지원, 「초정에게 보내다[與楚亭]」

공자는 진채 땅에서 일주일간이나 밥을 지어 먹지 못하고 고생한 적이 있었다. 공자의 제자인 안회는 평생 지게미조차 배불리 먹어보지 못할 정도로 가난하여 끼니 거르기를 밥 먹듯 했지만 그 즐거움을 잃지 않았다. 연암은 자신의 상황과 형편이 그만큼 곤궁하다는 점을 빗대면서 가난 속에서도 즐거웠던 안회의 마음을 배우려고 하나, 배가 너무 고프니 돈을 꿔 달라고 한 것이다.

사실, 가난하기로는 제자인 박제가도 못지않았다. 그는 서얼이었는데, 열한 살 되던 해 아버지가 돌아가신 이후로는 이곳저곳을 이사 다니며 더욱 어렵게 살았다. 그러다가 그의 나이 서른 살 때 정조의 서얼 우대 정책으로 마련된 규장각의 검서관에 발탁되었으니, 연암의 편지는 아마도 초정이 벼슬 하던 때였을 것이다. 검서관은 계약직의 낮은 잡직이었으나 그래도 백수로 지내는 연암의 처지와 비교하자면 틀림없이 괜찮은 자리였다. 스승의 부탁을 전해 받은 제자의 마음은 어떠했을까? 박제가는 다음과 같은 답장을 보내왔다.

> 열흘 장맛비에 밥 싸들고 찾아가는 벗이 못 되어 부끄럽습니다. 엽전 이백 닢은 편지 들고 온 하인 편에 보냅니다. 술병은 일 없습니다. 세상에 양주의 학은

없는 법입니다.

박제가, 「스승에게 답하다答孔雀館」

스승의 형편을 미리 알고 찾아갔어야 했는데, 장맛비가 계속 내려 뵙지 못함이 죄송스럽다. 하인 편에 이백 냥을 보내는데 술은 못 보낸다는 내용이다. 마지막 구절인 '양주의 학'은 고사가 있다. 네 사람이 각자의 소원을 이야기했다. 첫 번째 사람이 억만금을 벌어 큰 부자가 되고 싶다고 했고, 두 번째 사람은 양주 자사가 되고 싶다고 했다. 세 번째 사람은 학을 타고 하늘을 훨훨 날고 싶다고 했다. 그러자 네 번째 사람이, 십만 관의 돈을 두르고 학을 타고 양주로 가서 자사가 되고 싶다고 했다. 곧 양주의 학은 이것저것 좋은 것을 한꺼번에 다 누린다는 뜻이다. 원하는 것을 다 가질 수는 없는 게 인생의 이치일 터, 돈은 보내지만 술까지 보낼 수 없다는 뜻을 마지막 구절에 담은 것이다. 설마 술이 아까워서 안 보내주었을 것 같지는 않다. 스승이 여러 날 굶은 상황이었으니, 빈속에 술을 마시면 혹 탈이 날까봐 걱정스런 마음에 그러지 않았을까? 제자에게 짐짓 돈과 술을 보내달라 하소연하고, 스승에게 짐짓 무람없이 답변하는 두 사람의 가난한 날의 풍경은 가진 것이 없어도 인간애를 잃지 않는 옛사람의 풍경을 느끼게 한다.

가난은 때로는 인간을 비루하게 만든다. 그러나 물질적으로 가난하다고 해서 존재성마저 비루한 것은 아니다. 가난을 죄로 여기게 하는 건 근대 자본주의 사회의 산물일 뿐, 고전 시대 선비들에게 가난은 삶의 충분조건이었다. 연암의 수제자인 이덕무는 말하길, 가장 뛰어난 사람은 가난을 편안히 여기나, 가장 못난 사람은 가난을 부끄러워 해 감추기도 하고 가난에 그대로 짓눌린다고 했다. 연암은 가난한 상황이 참 힘들었을 테지만 가난에 짓눌리지 않고 유머를 더해 손을 벌렸다. 박제가 역시 가난한 이의 속사정을 잘 헤아려, 스승이 체면을 구기거나 자존심 상하지 않게 잘 응해주었다. 아래의 글은 돈 꾸러 온 친구를 대하는 흐뭇한 풍경을 보여준다.

> 가난한 선비가 돈을 꾸러 와서는 좀체 입을 열지 못하고서 묻는 말에 "예예"라고 대꾸하며 딴소리만 한다. 내가 가만히 그 난처한 뜻을 헤아리고는 사람 없는 곳으로 데려가 얼마나 필요한지 묻고 급히 내실로 들어가 필요하다는 대로 주었다. 그런 뒤에 그 일이 반드시 지금 당장 속히 돌아가서 처리해야 할 일인가. 혹 조금 더 머물면서 함께 술이나 마실 수는 없는가 하고 물었다. 또한 통쾌하지 아니한가.
>
> 김성탄 金聖嘆, 『쾌설快說』

가장 못난 사람은
가난을 부끄러워해
감추기도 하고
가난에 그대로 짓눌려버린다.

미워할 수 없는 친구

좋은 친구 관계를 오랫동안 유지하기란 생각만큼 쉽지가 않다. 너무 허물없이 말했다가 자칫 기분을 상하게 할 수 있다. 너무 말없이 지내도 어느 순간 멀어져 있다. 아주 사소한 오해가 크게 번져 돌이킬 수 없는 관계가 된다. 어디까지가 흉허물이 없는 사이일까?

이덕무와 박제가는 성격이 전혀 달랐지만 삼십 년간 각별한 우정을 나누었다. 이덕무는 약간 마른 체형에 허약한 체질이었다. 온유하고 화를 좀체 내지 않았으며 점잖았다. 반면 박제가는 키가 작고 야무졌다. 고집이 세고 직설적이었으며 날카로웠다. 둘의 나이 차는 이덕무가 아홉 살 위였다. 그런데도 두 사람은 평생 괴로움과 즐거움을 함께하는 지음知音이 되었으며 서로를 가장 신뢰하고 마음을 터놓는 사이가 되었다. 둘 다 서얼의 신분으로 가난한 삶을 살았으며 시인이라는 공통점, 비슷한 세계관이 둘의 정서적 유대감을 끈끈하게 만들었던 것으로 보인다.

하지만 아무리 가까운 사이일지라도 마음이 다 맞을 수는 없다. 이덕무는 박제가의 지나친 욕심 때문에 은근히 속이 상할 때가 있었다. 이덕무는 자칭 단것 마니아였다. 단것이라면 사족을 못 썼다. 친구들은 단것을 보면 으레 이덕무에게 갖다주곤 했다. 하지만 절친 박제가는 그러지 않았다. 자기가 그냥 먹을 뿐 아니라 친구가 이덕무에게 주라고 한 것까지 몰래 먹기조차 했다. 이덕무는 뿔이 났다. 속이 상한 이덕무는 마음에 품고 있던 섭섭함을 친한 후배에게 일렀다.

> 내가 단것에 대해서는 성성이(중국에 전하는 상상 속의 짐승. 사람과 비슷한데 몸은 개와 같으며 주홍색의 긴 털이 나 있다. 사람의 말을 이해하고 술을 좋아한다고 전해짐)가 술을 좋아하고 원숭이가 과일을 즐기는 것만큼 좋아한다네. 그래서 내 친구들은 단것을 보면 나를 생각하고 단것이 생기면 나에게 주곤 했는데

> 오직 박제가만은 그리하지 않더군. 그는 세 번이나 단것을 먹으면서도 나를 생각하지 않을 뿐 아니라 주지도 않았는데, 어떤 때는 남이 나한테 먹으라고 준 것까지도 빼앗아 먹곤 했소. 친구의 의리상 허물이 있으면 바로잡아주는 것이 당연하니, 그대는 나 대신 박제가를 깊이 나무라주기 바라오.
>
> **이덕무,**「**낙서 이서구에게 주는 글**」與李洛瑞書九書

격식을 중시하는 선비들의 세계에서 발견하기 힘든 글이다. 친구가 야속한데 내가 직접 야단치기도 뭣하니 대신 야단쳐달라는 부탁의 내용이다. 부탁을 받은 수신자는 또 다른 지기인 이서구인데, 박제가와는 네 살 후배였다. 아홉 살 많은 선배가 이깟 일로 혼내자니 좀스러워 보일까봐 박제가와 비슷한 터울의 이서구를 내세워 대신 혼내달라고 한 것이다.

얼핏 친구를 몰래 고자질하는 장면처럼 보인다. 하지만 두 사람의 관계를 생각하면 다르게 읽히기도 한다. 이덕무는 온화한 사람이었다. 남의 흉을 보는 일도 없고 화를 내는 법도 없었다. 그런데 단짝 친구에 대해서만은 스스럼없는 말을 하고 있다. 이 짧은 편지는 두 사람의 관계가 그만큼 흉허물이 없음을 보여준다. 실제로 두 사람은 한 이불을 덮고 잘 만큼 가까웠다. 밤새도록 수다를 떨기도 했으며 때로는 아무 말도 없이 오랜 시간을 가만히 있기도 했다. 이덕무는 박제가에게 형제 사이로 여겨 달라 말했고 박제가는 이덕무에 대해 천지가 생긴 이래 드문 사이라고 말하기도 했다. 자존심이 무척 강한 박제가였으나 이덕무만큼은 감히 벗이라 못하고 스승이라 부르겠다고 할 정도로 깊은 신뢰를 보냈다. 그러니 위의 글은 편지를 보낸 사람과 받는 사람, 제삼자와의 관계가 매우 돈독했기에 나올 수 있는 장면으로 보아도 좋을 듯하다.

　　두 사람은 평생을 함께 붙어 다녔다. 박제가의 자리엔 언제나 이덕무가 있었고, 또 이덕무가 있는 곳엔 박제가가 있었다. 그러다가 1793년 1월 25일 이덕무가 쉰세 살의 나이로 폐렴에 걸려 세상을 떠나고 말았다. 그때의 슬픔을 박제가는 글로 남기지 않았다. 아마도 너무 충격을 받아 쓸 기력조차 없었을 것이다. 다만 주변 지인들의 증언에서 그가 얼마나 힘들었던가를 짐작할 뿐이다. 아래는 그 이후 박제가가 친구를 추모하며 쓴 시이다.

> 아내 잃고 벼슬 잃고 이내 몸만 남아
> 국화꽃 앙상한데 흰 머리만 생겼구나.
> 가을 겨울 즈음이면 예전부터 마음 상해

> 청산에 홀로 올라 옛 벗에게 술 따른다.
> **박제가, 「친구의 무덤 앞에서 過懋官墓」**

어느 늦가을, 박제가는 친구가 묻혀 있는 광주 낙생면 판교 언덕의 무덤을 찾았다. 당시의 박제가는 아내도 죽었고 벼슬도 없었다. 그가 찾아갈 수 있는 건 친구뿐. 하지만 벗은 곁에 없고 그가 묻힌 무덤엔 잡초만이 우거져 있다. 상심한 마음 달래며 친구에게 술을 따를 뿐.

절친하다고 해서 마냥 좋은 상태가 지속되는 것은 아니다. 인간은 서로가 불완전한 존재이다. 가깝기 때문에 더 큰 상처를 주고받고, 흉허물 없이 얘기하다가 오해를 빚기도 한다. 그러나 친구니까 이해하고 감정을 금세 풀 수가 있다. 친구니까 언제든 내 편이 되어줄 수 있다. 나를 알아주는 이가 옆에 있는데 다시 무엇을 구하랴.

오우아

평생 괴로움과
즐거움을 함께하는 지음,
서로를 가장 신뢰하고
마음을 터놓는 사이

미움받을 용기

　나보다 더 큰 힘을 가진 사람에게 고개를 숙이는 것은 본능이다. 그가 틀린 말을 했더라도 그저 맞춰주고 그가 웃는 대로 따라 웃는다. 바른말을 한다는 것은 불이익을 감수해야 하는 일이다. 힘을 갖고 있는 사람에게 미움받을 행동을 하는 사람은 별로 없다. 하지만 가끔은 의를 위해 목숨을 내걸고 미움받을 용기를 내는 이도 있다.

　남명 조식은 같은 해에 태어난 퇴계 이황과 쌍벽을 이루었던 영남의 큰 학자이다. 율곡과 퇴계가 유학의 종장으로 인식되어온 까닭에 그 이름이 가려진 측면이 있지만 남명은 퇴계와 더불어 영남학파의 양대 산맥을 형성해 왔다. 낙동

강을 경계로 왼쪽인 안동, 예안 등이 퇴계학파의 근거지였다면 낙동강 오른쪽인 김해, 진주, 합천 등이 남명학파의 중심지였다. 퇴계가 온유하고 부드러운 학자였다면 남명은 올곧고 꼿꼿했다. 남명은 아버지가 억울한 일을 당해 돌아가신 이후 평생토록 벼슬을 거부하고 재야에서 살았다. 높은 학식과 인품이 조정에까지 알려져 중종, 명종, 선조 세 임금에 걸쳐 여러 차례 벼슬을 명받았으나 그때마다 거절했다. 퇴계가 정치에 참여해달라고 요청했을 때에도 사양했다. 그렇다고 그가 현실을 외면한 것은 아니었다. 배운 것을 실천하지 않으면 안 배우니만 못하고 죄악이라는 신념을 갖고 배운 바를 반드시 실천하는 삶을 살고자 했다. 이른바 경의검敬義劍으로 불리는 칼을 차고 성성자惺惺子라고 이름 붙인 방울을 허리춤에 달고 다녔다. 성惺은 깨닫는다는 뜻이니 항상 깨어 있으면서 깨닫겠다는 다짐을 담은 것이다.

　을묘년1555년에 남명의 명성을 들은 명종은 그를 단성 현감에 임명했다. 한 나라의 국왕이 벼슬을 내렸을 때 거절을 한다는 것은 불충의 죄를 짓는 행위이다. 남명은 잠시 고민했을 터이나 단호히 거부의 길을 택했다. 그러고는 임금을 향해 사직의 변을 올렸다. 그것이 저 유명한 「을묘사직소乙卯辭職疏」이다.

> 전하의 정치는 잘못된 지 이미 오랩니다. 나라의 기틀은 이미 무너졌으며, 하늘의 뜻은 이미 멀어졌고 인심도 이미 떠났습니다. 마치 벌레가 큰 나무를 백 년 동안 그 속을 갉아먹어서 진액이 다 말랐는데도 회오리바람과 사나운 비가 언제 닥칠지 전혀 모르는 것과 같이 된 지가 이미 오래입니다. 조정에 충성스러운 신하와 근면한 선비가 없는 것은 아니지만 이미 형세가 기울어서 지탱할 수 없으며 사방을 둘러봐도 손을 쓸 수가 없다는 것을 이미 알고 있습니다.
>
> **조식, 「을묘사직소」**

임금의 부덕으로 나라가 곪을 대로 곪았다는 질타였다. 남명이 보기에 나라의 형편은 벌레 먹은 고목이 쓰러질 날만 기다리는 상황과도 같았다. 고관대작들은 뇌물 챙기기에 급급하고 하급관리들은 주색잡기에 여념이 없었다. 중앙의 위정자들은 궁궐과 결탁하여 자기 사람 심어놓기에만 골몰하고 지방의 관리들은 백성들에게 가렴주구를 일삼고 있었다. 병은 골수까지 뻗쳤으나 누구도 고칠 생각을 하지 않는 곳, 남명이 생각한 현실은 탐관오리가 들끓고 부패가 만연한 곳이었다. 남명의 서릿발 같은 질타는 여기에 그치지 않는다.

> 대비께서는 사려가 깊으시나 깊은 궁궐의 한 과부에 지나지 않으며 전하께서는 어리시니 다만 선왕의 한 고아에 불과할 뿐입니다. 그러니 수많은 하늘의 재앙과 억만 갈래의 민심을 어떻게 감당하시며 수습하시겠습니까? 강물은 마르고 곡식이 비 오듯 떨어졌으니 이는 무슨 조짐입니까? 음악 소리 슬프고 옷은 소복이니 형상에 이미 흉한 조짐이 드러났습니다.
>
> **조식, 「을묘사직소」**

남명은 목숨을 내걸고 타락한 권력을 꾸짖었다. 문정왕후는 살아있는 권력으로서 아들인 명종 뒤에서 수렴청정을 하고 있었다. 두 차례의 사화를 일으켜 수많은 선비들을 죽음으로 내몬 절대 권력자였다. 그런 그녀를 한낱 과부라 부르고 절대군왕에겐 마마보이 같은 고아라고 비판한 것이다. 남명은 서슬이 퍼런 자신의 발언이 가져올 파장을 모르지 않았을 것이다. 목숨을 내놓아야 할 행위였다. 한 인간으로서 그도 분명 두려웠을 터이나 미움받을 용기가 두려움을 압도했다. 글을 읽은 왕과 대비는 진노했고 조정의 중신들은 어쩔 줄 모르며 당황했다. 퇴계 이황조차 뜻은 곧으나 말이 너무 거칠다고 비판할 정도였다. 이 겁 없는 재야 선비를 어찌할 것인가?

하지만 말은 과격할지언정 그 말은 옳았기에 그를 함부로 벌을 줄 수가 없었다. 지켜보는 민심이 있었다. 그 충정을 높이 산 신하들의 변호로 남명은 무사할 수 있었다. 어쩌면 벼슬도 없는 사람을 괜히 건드려서 의인을 만들 뿐이라는 견제 심리가 발동했을지도 모를 일이었다.

훗날 남명은 세상을 떠날 때 제자들에게 "만약 벼슬을 쓴다면 나를 버리는 것이다"라며 자신을 처사로 일컬어 달라고 당부했다. 권력에 아부하기는커녕 기꺼이 미움받는 길을 택한 남명의 용기는 오늘날 그를 영남이 자랑하는 대학자로 우뚝 서게 했다.

남에게 미움받고 싶은 사람은 없을 것이다. 우리는 가능한 이웃과 원만한 관계를 유지하며 살아가고 싶다. 그러나 모든 사람에게 사랑받는 사람은 없다. 아무리 위대한 성인도 누군가에겐 반드시 미움을 받았으며 갖은 비난을 받기도 했다. 오히려 옳은 길을 가려는 사람일수록 박해와 핍박을 받았다. 그러니 미움받지 않으려고 애써 자신을 포장하거나 침묵할 건 없다. 정말로 옳다는 판단이 선다면 과감하게 밀어붙이는 것이 자신에게 부끄럽지 않은 길이리라.

홍대용은 "낯빛을 따라 구차스레 비위를 맞추기보다는 차라리 할 말을 다하고 함께 돌아가는 것이 낫다."라고 말한다.

정말로 옳다는 판단이 선다면
과감하게 밀어붙이는 것이
자신에게 부끄럽지 않은 길이다.

스승의 조건

세상에 많이 아는 선생은 넘친다. 학생들도 똑똑한 선생을 원하고 잘 가르치는 선생도 많다. 그런데도 사람들은 여전히 참된 스승을 그리워한다. 진정한 사제관계란 어떤 것일까? 다산茶山 정약용丁若鏞과 그의 제자 황상의 아름다운 만남을 소개한다.

1800년 정조가 승하하고 나서 남인에 대한 박해가 시작되었고 천주교를 탄압한 신유사옥에 연루된 다산은 강진으로 귀양살이를 하게 되었다. 장장 십팔 년의 유배 생활, 한 개인으로서는 불행한 일이겠으나 문학사에서는 축복이 되는 순간이었다. 다산은 강진의 주막집 골방에 서당을 열고 아이들을 가르치기 시작했다. 그중에는 열다섯 살의 더벅머리 소년이 하나 있었다. 그가 바로 다산의 평생 제자가 된 황상이었다. 황상은 그의 스승이 정조의 총애를 받은 대학자이자, 화성을 설계하고 만든 인물임을 알고 있었을까? 황상은 전형적인 시골 소년이었다. 아명인 산석山石이라는 이름처럼 우직하고 단순했으며 영민한 데라곤 없었다. 하지만 심지가 굳고 배우려는 마음만은 남 못지않았다. 다산의 문하생이 된 지 일주일 후, 그의 성실함을 눈여겨본 다산이 황상에게 문장을 공부할 것을 권했다. 소년은 흠칫 놀랐다. 농사일이나 하며 학문이라곤 접해본 적이 없는 자신에게 문장의 길을 걸으라니. 소년은 머뭇머뭇 사양하며 자신이 얼마나 아둔하고 보잘것없는 사람인지를 고백한다.

> "제게는 세 가지 흠이 있습니다. 첫째는 둔한 것이고, 둘째는 막힌 것이며, 셋째는 답답한 것입니다."
>
> 다산 선생이 말했다.
>
> "배우는 사람에게 세 가지의 큰 흠이 있는데 네게는 그것이 없구나. 첫째, 외우는 데 민첩하면 그 폐단이 소홀한 데 있다. 둘째, 글짓기에 날래면 그 폐단이 가벼운 데 있지. 셋째, 깨달음이 재빠르면 그 폐단은 거

> 친 데 있다. 둔한데도 뚫는 사람은 그 구멍이 넓어진다. 막힌 것을 트게 하는 자는 그 흐름이 성대해지지. 답답한데도 연마하는 사람은 그 빛이 반짝반짝 빛나게 된다. 뚫는 것은 어떻게 해야 할까? 부지런해야 한다. 틔우는 것은 어찌하나? 부지런해야 한다. 연마하는 것은 어떻게 할까? 부지런해야 한다. 네가 어떻게 부지런해야 할까? 마음을 굳게 잡아야 한다."
>
> **황상, 「임술기**壬戌記」

다산은 제자의 마음을 헤아렸다. 황상은 그저 시골뜨기 평범한 소년이었다. 내로라하는 한양의 자제들에 비하면 턱없이 모자란 촌사람이었다. 그러나 다산은 제자의 말을 무시하거나 외면하지 않았다. 제자를 존중하고 그의 마음을 들여다보았다. 그러고는 용기를 북돋웠다. 다산이 제자에게 준 당부는 그저 부지런하라는 당부였다. 일명 삼근계三勤戒, 세 번 부지런하라는 가르침. 학덕 깊은 대학자가 하찮은 자신을 격려해주니 제자는 깊이 감격했다. 그리하여 제자는 '삼근계'의 가르침을 삶의 지표로 삼고서 평생 스승의 곁을 지키며 스승의 삶과 학문을 부지런히 배워갔다. 다산 역시 한결같은 그를 가장 아끼며 자신의 모든 것들을 가르쳐주었다.

스승이 서울로 올라간 뒤에는 좁쌀 한 톨만 한 집이란 뜻의 일속산방 一粟山房을 짓고 스승의 가르침을 따라 부지런히 시를 연마해 나갔다. 그리하여 황상은 당대의 저명한 학자 추사秋史 김정희金正喜조차 깜짝 놀라게 만든 뛰어난 시인으로 성장했다. 한 위대한 스승의 가르침은 한 사람의 그저 그런 인생을 꿈을 이루어가는 삶으로 바꾸어 놓았다.

　　좋은 스승은 단지 많이 가르쳐주는 사람이 아니다. 다산은 제자에게 제대로 된 방향을 일러주고 무엇보다 제자의 마음을 헤아려주었다. 다산은 그 스스로가 사람이 살아가는 데 삶의 자세가 중요하다는 것을 잘 알고 있었으며, 사람의 마음을 들여다보는 내면을 갖추고 있었다. 그리하여 제자의 약점을 장점으로 북돋아줄 수 있었다. 다산과 황상의 만남은 인생의 큰 행복은 누구와 만나고 누구에게 가르침을 받느냐에 있다는 사실을 일깨워준다.

좋은 스승은 단지 많이
가르쳐주는 사람이 아니다.
제대로 된 방향을
일러주고 무엇보다
제자의 마음을
헤아려주는 사람이다.

끊어야 산다

사람 사이의 관계 맺음은 참으로 어렵다. 절친했던 사이가 사소한 오해 하나로 완전히 틀어지기도 하고 좋은 의도로 한 말이 칼날이 되어 돌아오기도 한다. 일단 한번 관계가 틀어지면 원래의 상태로 되돌리기가 참으로 어렵다. 연암 박지원과 윤광석尹光碩의 일화는 관계의 어려움에 대해 생각하게 한다.

  연암 박지원은 쉰 살에 처음으로 벼슬에 오른 후 이듬해에는 안의 현감으로 부임한다. 연암은 이용후생利用厚生의 마음을 담아 고을을 열심히 다스렸고 백성들도 잘 따랐다. 선정을 베푼다는 소문은 이웃 마을인 함양에 흘러 들어갔다. 연암보다 이 년 전에 함양 군수로 와 있던 윤광석은 질투가 났다. 그때 연암은 학창의를 즐겨 입었는데, 이 옷이 중국 청나라의 옷과 비슷했다. 당시 조선은 오랑캐 청나라를 무찔러 명나라에 대한 의리를 지키자는 숭명배청崇明排淸 사상을 갖고 있었다. 윤광석은 연암이 오랑캐 옷을 입고 다닌다는 헛소문을 내어 서울까지 퍼뜨렸다. 아마도 일반적으로 이런 상황이라면 둘은 원수 사이가 되어야 했다.

그러나 연암은 화해의 길을 택했다. 그의 마음을 헤아리고, 그와 친하게 지냈다. 한 달에 서너 차례 오가며 이야기를 나누고 정자에서 술잔을 기울였다. 함께 물놀이, 산놀이를 빠지지 않고 다녔다. 백성들의 고충을 같이 고민하고 사적인 편지글도 주고받았다. 윤광석이 흥학재와 학사루를 세웠을 때 기문을 지어주기도 했다.

하지만 윤광석이 자신의 선조인 윤전의 『후촌집後村集』 교열을 연암에게 부탁한 것이 화근이었다. 연암은 문집의 글이 난삽하여 대충 본 탓에 중요한 정보를 보지 못하고 말았다. 문집에 연암의 선조였던 박동량을 비난하는 내용이 있었던 것이다. 뒤늦게 그 사실을 확인한 연암의 집안이 발칵 뒤집혔다. 문중에선 연암을 나무라며 압박했고 연암은 윤광석에게 관련 내용을 없애지 않으면 절교하겠노라고 따졌다. 윤광석은 잘 살피지 못해 일어난 일이라고 사과하며 판을 헐어 새로 찍겠다고 약속했다.

그러나 윤광석은 관련 내용을 바꾸지 않았다. 심지어 전에 연암이 열람했을 때 아주 잘되었다고 칭찬했다는 말을 퍼뜨리고 다녔다. 또 연암과 여전히 사이가 좋아 술자리에서 단란한 정을 나눈다고 말하고 다녔다. 연암은 격분하며 그에게 장문의 절교 편지를 보냈다. 그중 일부는 다음과 같다.

> 영남의 고을을 오가던 시절을 돌이켜 생각하면 여전히 몹시 가슴이 아프고 한스러운데, 심장이 찌르고 뼈에 사무치는 이날을 당하여 어찌 차마 다시 단란하게 만나겠소? 지금 그대가 운운한 것은 번번이 천리天理와 인정人情의 밖으로 벗어난 것이니, 옛사람이 말한 '사람을 아는 것이 쉽지 않다'란 말이 바로 이를 두고 말한 것이오. (……) 분명히 말하건대, 이제부터는 다만 상정常情에서 벗어나는 말을 꾸미려 말고 분분한 입씨름을 끊읍시다. 지금 나는 그대에게 원한이 이미 깊어졌고 사귐도 이미 끊어졌소. 그래도 속마음을 다시 털어놓는 것은 '절교는 해도 악평은 하지 말라'는 그 뜻을 삼가 스스로 따르려는 것이오.
>
> **박지원, 「윤광석에게」與尹咸陽光碩書**

연암은 윤광석의 뒷담화를 도저히 수긍할 수 없었다. 그리하여 절교를 선언했다. 잘잘못을 가리자면 처음에 교열을 꼼꼼하게 보지 못한 연암에게도 잘못은 있었다. 삭제를 요구했을 때, 그러겠노라고 약속을 해놓고 그대로 진행한 윤광석의 잘못도 컸다. 사실, 이는 가문과 집안이 얽힌 민감한 문제였기에 서로의 입장을 양보할 수 있는 사안이 아니었다. 그리하여 사소하다면 사소할 수도 있는 문제는 잘 풀리지 못한 채 영영 돌이킬 수 없는 강을 건너고 말았다.

절교는 해도 악평은 하지 않겠다고 말한 연암의 진의는 무엇이었을까? 남을 흉보는 치사한 사람이 되지는 않겠다는 자기 다짐이었을까? 당신도 나에 대한 악평을 멈추라는 의미였을까?

좋은 인간관계를 유지하는 일은 참 어렵다. 이해관계가 달라지는 일이 생기고, 서로 경쟁하는 처지가 되면 원하든 원치 않든 갈등이 생기고 오해가 만들어진다. 제삼자가 개입될수록 상황은 더욱 복잡해지고, 나의 친구였던 사람이 어느새 원수지간이 되어 있다.

다툼이나 갈등이 생겼을 때 오해를 풀고 화해하는 것이 가장 좋은 방법이지만 일이 원만하게 풀리지 않는 일은 얼마든지 있다. 나랑 너무 맞지 않거나 상대방이 계속해서 몽니만 부릴 수도 있다. 관계를 풀려고 하다가 오히려 힘만 빠지고 에너지만 소진된다. 매듭을 풀기가 너무 힘들다면 과감하게 단절하는 것도 한 방법이다. 세상에 좋은 사람은 많다. 나를 힘들게만 하는 사람, 노력해도 계속 냉소적 반응만 보이는 사람이라면 이상적인 명분에 매달릴 필요는 없어 보인다. 때로는 과감하게 끊는 것이 서로에게 유익이 될 뿐 아니라 더 큰 불화로 가는 길을 막는다.

관계를 풀려고 하다가 오히려
힘만 빠지고 에너지만 소진된다.
매듭을 풀기가 너무 힘들다면
과감하게 단절하는 것도
한 방법이다.

잊어서는 안 되는 친구

가까이 두고 오래 사귄 벗, 친구! 인디언 말로 친구는 내 슬픔을 자기 등에 지고 가는 사람을 뜻한다. 사랑은 한순간의 강렬함만으로 활활 타오르나 우정은 오랜 시간을 견뎌내면서 더욱 단단해진다. 친구에는 크게 두 종류가 있다. 말하고 싶어도 차마 말을 꺼낼 수 없는 사람과 말하지 않으려 해도 함께 있으면 저절로 말하게 되는 사람. 박제가는 말하길, 어려운 시절을 함께 한 친구야말로 가장 좋은 친구라고 한다. 왜 그럴까?

박제가는 네 번의 중국 사행을 통해 조선 지성사에서 가장 많은 외국인과 교류한 사람이다. 그의 아들인 박장암이

엮은 『호저집縞紵集』에는 박제가가 교류한 중국의 문사들을 소개하고 있는데 백 명이 훨씬 넘는다. 박제가는 조선 사회가 과감히 변화되어야 한다고 외친 개혁가였으며 특출한 감수성을 지닌 시인이었다. 그러나 서얼인 탓에 제대로 능력을 펼칠 기회를 얻지 못하고 좌절감을 겪으며 살아야 했다. 그런 그를 견디게 하고 위로해준 것은 친구들이었다. 한양의 이른바 백탑白塔, 원각사지 10층 석탑을 일컫는 별칭 근방에는 박지원, 홍대용, 이덕무, 유득공을 비롯한 실학자들이 모여 지냈는데, 그중에는 야뇌당野餒堂 백영숙白永叔도 있었다.

    그는 무사로서, 의협심이 많았고 무예 실력도 뛰어났다. 박제가가 백영숙이 사는 마을로 이사를 온 이후부터 둘은 단짝이 되었다. 백영숙이 일곱 살 위였지만 둘은 서로 허물없이 지냈다. 박제가의 재능을 눈여겨본 백영숙은 지인을 만날 때마다 박제가를 적극적으로 추천했다. 그는 박지원과 이덕무에게도 박제가를 소개해주었다. 스물여덟 살 때 백영숙은 무과에 급제하여 관직의 길이 열렸다. 그러나 그의 재종형이 영조의 노여움을 사 귀양을 가게 되자 거기에 연좌되어 벼슬 진출의 꿈이 막히고 말았다. 백영숙은 깊이 절망했다. 서얼이었기에 더 이상의 희망이 없어 보였다. 그는 실의에 젖어 한양을 떠나기로 결심했다. 그가 가려던 곳은 당시 동해에서 가장 외지고 험한 곳으로 알려진 기린 골짝^{현 강원도 인제군}이었다. 한양을 떠난다는 것은 인맥과 정보를 다 포기하고 사는 것이다. 사람을 좋아했던 그가, 사람이 싫어 사람을 버리고 떠나가는 것이다.

그가 떠나던 날 박제가는 무거운 걸음으로 찾아왔다. 둘은 말없이 술잔을 기울였다. 떠나는 친구를 위해 박제가가 해줄 수 있는 것은 아무것도 없었다. 친구가 떠나는 것을 말려야 할까? 막상 그가 떠난다고 하자 박제가는 좋은 친구란 무엇인지 상념에 젖었다. 박제가는 그를 위해 자신의 마음을 담아 송별의 글을 써주었다. 그는 평소 품었던 우정에 관한 생각을 들려주었다. 그중 한 대목은 다음과 같다.

> 힘든 시절의 친구가 가장 좋은 벗이라고 합니다. 자질구레하고 시시콜콜한 관계라서 그런 것일까요? 필시 요행으로 얻은 관계라서 그리 말하는 것일까요? 처한 사정이 같다 보니 직업이나 지위를 따질 필요가 없고, 걱정거리가 같다 보니 어렵고 힘든 상황을 알기에 말하는 것일 뿐입니다. 손을 꽉 잡고 괴로움을 위로할 땐 반드시 밥을 잘 챙겨 먹는지, 추위에 고생하지는 않은지를 먼저 묻고 나서 가족들의 사정

을 묻습니다. 그러면 말하지 않으려 했어도 저절로 말하게 되니 친구의 처지를 진심으로 슬퍼해주는 마음에 감격하여 그렇게 되는 것입니다. 예전엔 남에게 꺼내기 힘들었던 사정도 지금은 입에서 쏟아져 나와 말문을 막을 수가 없습니다. 때로는 친구 집 문을 열고 들어가 안부를 묻고 종일 한마디도 없이 베개를 끌어다가 푹 자고 가버려도 오히려 다른 사람과 십 년간 나눈 대화보다 낫습니다. 이유는 다른 데 있지 않습니다. 사귐에 마음이 맞지 않으면 아무리 말을 해도 말하지 않은 것과 같습니다. 친구 사귐에 틈이 없다면 비록 서로가 묵묵히 말을 잊더라도 괜찮은 것입니다.

박제가,「백영숙을 기린 골짝으로 보내며送白永叔基麟峽序」

둘은 가난한 시절을 동고동락한 친구였다. 둘 다 서얼이라서 지위나 신분에 매일 필요도 없었다. 처지와 고민이 비슷했기에 서로의 아픔을 공감하고 이해했다. 낯가림이 심한 박제가였지만 백영숙과는 스스럼이 없었다. 대화를 나누다 보면 어느새 속 깊이 감추어 두었던 고민도 저절로 술술 나왔다. 때로는 아무런 연락도 없이 그의 집으로 쳐들어가 종일 한마디도 하지 않고 잠만 잔 뒤에 가기도 했다. 비록 한마디 말도 꺼내지 않았지만 수만 마디의 대화가 마음으로 오갔다. 이제 그랬던 친구가 현실에 깊이 절망하여 궁벽하고 외진 곳으로 떠나려는 것이다.

그러나 박제가는 그를 따뜻하게 위로한다. 권력의 눈치 보며 아귀다툼하는 한양보다 토끼와 여우를 사냥하며 사는 산골 생활이 더 낫지 않겠는가? 이젠 목구멍에 풀칠하기 위해 사람들의 싸늘한 눈초리를 견디며 살고, 남 눈치 보며 할 말 못하는 처지에서 벗어날 수 있지 않겠는가? 그리하여 그는 다음의 맺음말로 그를 힘차게 응원해준다.

> 아아! 영숙은 또 기린 산골에서 무엇을 할까요. 해가 저물어 싸락눈이 흩뿌리면 산이 깊어 여우와 토끼는 살져 있으리니, 말을 달리며 활을 당겨 한 발에 그것들을 잡고 안장에 걸터앉아 웃는다면, 또한 아웅다웅하던 뜻이 통쾌히 풀리고 적막하고 궁핍하던 처지를 잊기에 충분할 것입니다. 또 어찌 반드시 거취의 갈림길에 연연하며 이별의 즈음을 근심하겠습니까? 또 어찌 반드시 서울 안에서 먹다 남긴 밥을 찾아다니다 다른 사람의 싸늘한 눈초리나 만나고, 남과 말

> 못할 처지에 있으면서 말하고 싶어도 말하지 못하는 모습일 필요가 있을까요? 영숙이여! 떠나십시오. 나는 지난날 곤궁 속에서 벗의 도리를 얻었습니다. 그러나 나와 영숙 두 사람이 어찌 다만 가난한 날의 사귐일 뿐이겠습니까?
>
> **박제가, 「백영숙을 기린 골짝으로 보내며」**

어렵고 힘든 시절을 함께한 영숙은 박제가의 가장 좋은 벗이었다. 단순히 흉허물이 없고 시시콜콜한 얘기까지 나눌 수 있는 사이라서가 아니었다. 함께 슬퍼하고 함께 아파하는 가운데 둘은 서로를 깊이 이해하고 교감하였다. 그러나 둘의 우정은 가난한 시절의 추억에 머물지 않을 것이다. 이후에도 아무리 어려운 일이 닥치더라도 둘의 우정은 더욱 깊고 단단해질 것이다.

백영숙이 기린 골짝으로 들어간 지 육 년 뒤 박제가는 규장각의 검서관이 되었다. 그 이듬해 백영숙도 오랜 은거 생활을 마치고 한양으로 돌아왔다. 둘은 다시 의기투합했다. 그리고 정조의 왕명을 받아 이덕무와 함께 우리나라 최초의 무예서인 『무예도보통지武藝圖譜通志』를 편찬했다.

가난한 날의 친구는 잊어서는 안 되고 곤궁했던 시절을

함께 한 아내는 쫓아내면 안 된다는 말이 있다. 어려움을 함께 나눈 사이는 더욱 끈끈하고 결속력도 강하다. 처지가 비슷했기에 많은 것들을 서로 공감한다. 공감sympathie의 어원이 '함께 고통을 겪다'이다. 어려웠던 시절 즐거움과 괴로움을 함께 나눈 단 한 명의 친구만 있어도 인생은 훨씬 덜 외로워질 것이다.

사귐에 마음이 맞지 않으면
아무리 말을 해도
말하지 않은 것과 같다.
친구 사귐에 틈이 없다면
비록 서로가 묵묵히 말을 잊더라도
괜찮은 것이다.

함께 즐기는 삶

삶이 분주하고 관계에 지칠 때면 혼자만의 시간이 그립다. 그래서인지 옛사람도 혼자서 즐기고 여유를 찾는 독락獨樂의 삶을 추구했다. 그러나 함께 어울리는 삶에서는 독락을 넘어 동락同樂으로 나아가야 한다.

어느 날 맹자가 양나라의 혜왕에게 물었다.

"홀로 음악을 즐기는 것과 남들과 함께 음악을 즐기는 것 가운데 어느 것이 더 즐겁습니까?"

"홀로 즐기는 것은 남과 더불어 즐기는 것만 못합니다."

"적은 사람과 함께 음악을 즐기는 것과 여럿이 함께 즐기는 것 가운데 어느 것이 더 즐겁습니까?"

오우아

"여럿과 함께 즐기는 것만 못합니다."

세상에는 혼자서만 즐기려 하고 혼자서만 차지하려는 사람이 있다. 그러나 이 세상은 수많은 나가 모인 '우리'가 살아가는 곳이다. 맹자는 계속해서 백성과 함께 즐거움을 나누는 여민동락與民同樂의 정신을 들려준다.

> 지금 왕께서 음악을 연주하시면, 백성이 북과 피리 소리를 듣고는 머리를 아파하고 이마를 찌푸리며 '우리 임금은 음악을 좋아하는구나. 어찌 우리에게 이런 곤궁한 지경에 이르게 하여 부자父子 간에 서로 보지 못하며 형제가 흩어지게 하는가'라고 불평하며, 또 왕께서 사냥을 하시면 백성이 왕의 수레 소리, 말소리를 듣고는 모두 머리를 아파하고 이마를 찌푸리며 '우리 임금은 사냥을 즐기는구나. 어찌 우리에게 이 곤궁한 지경에 이르게 하는가. 부자 간에 서로 만나지 못하고 형제가 흩어지는구나'라고 한다면 이는 다름이 아니라 백성들과 즐거움을 함께 나누지 않았기 때문입니다 (……) 지금 왕께서 백성과 즐거움을 함께 하신다면 왕 노릇을 하실 수 있습니다.

그 말은 곧 왕이 백성에겐 고통을 겪게 하면서 혼자만 즐기면 백성이 반발하겠지만 백성과 즐거움을 함께 나눈다면 왕이 즐기는 것을 함께 기뻐할 것이란 의미이다. 백성과 즐거움을 함께 나누는 것을 여민동락與民同樂이라 한다. 정조는 이 의미에 대해 '백성과 좋은 것과 나쁜 것을 함께하고 그 이익을 독차지하지 않는 것이다'라고 풀이하고 있다.

여민동락의 정신은 공동체 삶에서 구성원을 어떤 자세로 대해야 하는가를 들려준다. 좋은 것은 혼자 가지고 싶은 것이 인간의 마음이다. 그래서 힘을 갖게 되면 위에 군림하거나 지배하면서 혼자 차지하려고 한다. 좋은 것은 자신이 갖고 나쁜 것은 아랫사람에게 떠넘기며 이익을 독차지한다. 아랫사람의 마음은 아랑곳하지 않고 자신이 좋은 대로만 하려고 한다.

그러나 진정한 리더는 공동체 구성원과 즐거움을 함께 나누고 괴로움을 함께 나눈다. 우리 역사에서 여민동락의 정신을 잘 보여준 대표적인 인물이 세종대왕이다. 세종대왕이 임금에 오르고 나서부터 매년 가물었다. 백성들은 굶주림을 이기지 못하고 굶어 죽거나 흙을 파서 떡과 죽을 만들어 먹을 정도였다. 그때 세종대왕은 경회루 동쪽에 작고 허름한 초가를 지어 자신의 집무실로 삼았다. 그러고는 따뜻하고 넓은 데서 자는 대신 초가에서 잠을 자면서 업무를 보았다. 신하들이 왕의 건강을 염려해 초가집 바닥에 몰래 짚더미를 넣었다. 세종대왕은 크게 꾸짖으며 자신의 허락 없이는 물건을 일절 들이지 못하도록 했다.

또한 농사 형편을 알기 위해 직접 궁궐 밖으로 나가 농사가 잘되지 못한 곳에서는 농부에게 그 까닭을 물었으며 점심을 먹지 않은 채 궁궐로 돌아왔다. 세종대왕은 논밭을 방문해서 실태를 직접 파악했다. 궐 안의 초가에서 2년간 머물면서 백성들과 가장 가까운 곳으로 달려가 고통을 함께 나누었다. 그 결과 나라의 국운이 펴지기 시작했고 백성의 살림은 넉넉해졌으며 인구도 크게 늘었다.

구성원의 마음을 잃은 리더는 리더의 자격이 없다. 좋은 리더는 위에서 아래로 누르면서 혼자만 즐기고 혼자만 차지하려고 하지 않는다. 구성원을 똑같이 대하고 괴로움과 즐거움을 함께 나눈다. 그럴 때 사람들은 리더를 따른다.

성경에서도 즐거워하는 자들과 함께 즐거워하고 우는 자들과 함께 울라고 했다. 연암 박지원도 혼자 즐기는 독락에서 세상 사람들과 함께 즐기는 중락衆樂으로 나아가라고 독려했다. 『금오신화』의 작가인 김시습은 「북명北銘」이란 시에서 "하루아침의 근심이 아니라 평생의 근심을 근심하리."라고 했다. 하루아침의 근심은 잠깐 생겼다가 시간이 지나면 금방 사라지는 근심이다. 오늘은 뭘 먹을까, 무얼 입을까, 무얼 하며 놀까 하며 자기 먹고사는 문제로 고민하는 것이다.

반면 평생의 근심은 개인의 근심에서 벗어나 이웃과 사회를 위해 무얼 할지, 어떤 세상을 만들어갈지를 고민하는 것이다. 큰 뜻을 품고 사는 사람은 나 혼자 잘 먹고 잘 사는 문제를 고민하지 않고 이웃 공동체와 더불어 사는 삶을 꿈꾼다. 자기 문제에서 벗어나 이웃과 사회를 위해 근심할 때 티격태격 다투는 일들이 소소해지고 더욱 넓은 마음을 소유한 사람으로 성장해갈 것이다. 나는 혼자 즐기는 독락에 만족하는지 함께 즐기는 동락으로 나아가는지를 자문해본다.

좋은 리더는
위에서 아래로 누르면서
혼자만 즐기고
혼자만 차지하려 하지 않고
괴로움과 즐거움을
함께 나눈다.

하나됨의 조건

좋은 관계를 조화롭게 유지하기란 늘 어렵다. 일상생활에서, 직장에서, 사회에서 우리는 관계가 깨지는 바람에 분란을 겪고 상처를 주고받고 심지어는 영원히 갈라서기도 한다. 극한 대치 상황에 이르면 잘될 일도 망가지고 될 뻔했던 일도 물거품이 된다. 이와 관련하여 『맹자孟子』, 「공손추公孫丑」에는 다음과 같은 말이 있다.

> 천시天時가 지리地利만 못하고 지리地利가 인화人和만 못하다. 삼 리 되는 내성內城과 칠 리 되는 외곽을 포위하여 공격하여도 이기지 못하는 경우가 있다. 포

> 위하여 공격하는 것 중에는 반드시 천시를 얻은 것
> 이 있을 것이지만 그런데도 이기지 못하는 것은 천
> 시가 지리만 못하기 때문이다. 성이 높지 않은 것도
> 아니며 못이 깊지 않은 것도 아니며 병기와 갑옷이
> 견고하거나 날카롭지 않은 것도 아니며 군량이 많지
> 않은 것도 아닌데 성을 버리고 간다. 이는 지리가 인
> 화만 못하기 때문이다.
>
> 『맹자』, 「공손추」

천시란 하늘의 때, 즉 좋은 기회를 말한다. 서로 겨루거나 일을 도모할 때, 일이 잘 이루어지려면 하늘이 준 좋은 기회가 필요하다. 무언가가 잘되기 위해서는 '좋은 기회'라는 것이 있어서, 때마침 일이 이루어지기 딱 좋은 하늘이 준 때가 있다. 그러나 하늘의 때보다 더 중요한 것은 지리이다. 지리는 땅의 이로움이니 이미 갖추고 있는 좋은 조건으로 이해해도 좋겠다. 선점을 차지하여 좋은 조건을 갖추고 있으면 아무리 하늘이 준 좋은 기회가 있어도 공략하기가 쉽지 않다. 하지만 땅의 이로움보다 더 중요한 것이 인화, 곧 사람 사이의 화합이다. 아무리 좋은 기회를 얻었고 조건을 갖추고 있어도 화합하지 않으면 일을 이루기 어렵고, 때로는 아예 가지고 있는

것도 다 잃어버린다. 주자는 인화의 의미에 대해 민심의 의미로 해석하고 있으니, 따르는 백성들의 마음을 얻지 못하면 일을 도모할 수가 없다고 했다. 가정에서건, 조직에서건, 안에 속한 구성원들이 한마음으로 뭉칠 때 비로소 일이 성사되고 조화로운 관계를 유지해나갈 수 있다.

그렇다면 어찌해야 서로 협력하여 앞으로 나아갈 수 있을까? 『벽암록碧巖錄』에는 줄탁동시啐啄同時라는 말이 있다. 줄啐은 알 속에서 자란 병아리가 때가 되면 알 밖으로 나오기 위해 부리로 껍데기 안에서 쪼는 것을 말한다. 탁啄은 어미 닭이 병아리 소리를 듣고 밖에서 쪼아 알을 깨뜨리는 것이다. 줄탁동시는 병아리가 알에서 나오기 위해 새끼와 어미 닭이 안팎에서 서로 쫀다는 뜻이다. 병아리가 알 밖으로 나오기 위해서는 줄과 탁이 동시에 이루어져야 가능하다. 어느 한쪽이라도 쪼지 못하면 병아리는 알을 깨고 나올 수가 없다. 줄과 탁의 행위는 스승과 제자 사이이기도 하고, 상사와 부하 사이이기도 하며 리더와 조직원 사이이기도 하다. 때가 되어 일을 도모할 때는 서로가 열린 마음으로 협력할 때 한마음으로 목표를 향해 나아갈 수가 있다. 안에서 밀어주고 밖에서 끌어주어야 일은 원만하게 진행된다. 어느 한쪽이 가만히 있으면 병아리는 알을 깨뜨릴 수가 없다. 또 한쪽의 방향으로만 진행해도 일을 이룰 수가 없다. 안과 밖이 동시에 힘을 합쳐야만 일이 성취된다. 관계 속에 있는 구성원들은 서로를 도와주려는 마음을 갖고 최선을 다해 합심하여 껍데기를 두드릴 때 비로소 병아리는 세상 밖으로 나오게 될 것이다.

겸청즉명兼聽則明도 마음을 하나로 모으는 데 귀감이 되는 말이다. 겸청즉명은 두루 들으면 밝아진다는 뜻이다. 『자치통감』에는 중국의 대표적인 명군으로 알려진 당 태종과 명 재상으로 알려진 위징에 얽힌 이야기가 있다.

당 태종이 신하인 위징에게 다음과 같이 물었다.

"군주로서 어떻게 해야 현명해지고 어리석지 않겠는가?"

"군주가 현명해지는 것은 두루 듣기 때문이고 어리석어지는 것은 한쪽의 말만 믿기 때문입니다. 옛날 요임금은 아래 백성의 상황을 밝게 헤아렸기에 유묘의 난을 제때 장악했습니다. 순임금은 귀로는 사방의 말을 듣고 눈으로는 사방을 보았기에 대신이 그를 속일 수 없었습니다. 진나라의 이세 황제인 호해는 조고의 말만 믿다가 망이궁에서 조고에게 죽임을 당했습니다. 양무제는 주이의 말만을 믿은 까닭에 대성에 갇혀 굶어 죽었습니다. 수양제는 우세기의 말만 믿은 탓에 군사 반란으로 죽었습니다. 군주가 널리 의견을 들으면 귀족과 대신들이 감히 속이지 못하게 되며 아래의 상황이 위로 전달되는 것입니다."

마음에 드는 사람만 편애하고 가까이 있는 사람의 말만 들으면 공정한 판단이 흐려져 끝내는 망하는 길로 간다. 간신은 권력의 주변에서 늘 어슬렁거린다. 곁의 사람 말만 믿다가 자신도 망가지고 조직을 무너뜨린 역사적 사례는 무수히 많다. 자신과 이해관계가 같은 사람들의 말만 듣게 되면 전체를 파악하는 능력을 잃어버려 정상적인 관계를 깨뜨리고 갈등만 키운다. 감언은 당장은 솔깃하나 나중에는 몸을 망가뜨리고, 충성스런 말 곧 쓴소리는 당장에는 괴로워도 끝내는 모두를 성장하게 한다. 아랫사람의 쓴소리, 백성들의 아픈 사정에도 두루 귀를 기울이면 민심을 얻고 화합의 길을 연다.

논어에서는 "사람의 마음이 모이면 태산도 움직인다"라고 말한다. 마음을 하나로 모으면 불가능해 보이는 조건도 뛰어넘는다. 악조건이나 힘든 상황을 이겨내는 힘은 두루 들으며 마음을 하나로 모으는 데 있다.

아무리 좋은 기회를 얻었고
조건을 갖추고 있어도
화합하지 않으면
일을 이루기 어렵고,
때로는 아예 가지고 있는 것도
다 잃어버린다.

바람보다는 햇볕으로

치열한 경쟁 사회를 살다 보면 남을 이기고 올라가려는 마음이 생기고 서로를 물어뜯기 시작한다. "너 죽고 나 죽자"라며 너만 잘되는 꼴을 볼 수 없다는 물귀신 심리가 발동해서, 내가 당하면 똑같이 복수하고 내가 아픈 만큼 상대방에게도 똑같이 상처를 준다. 급기야 서로의 가슴에 분노와 원망만이 남고, 공생이 아닌 공멸의 길로 나아간다.

양나라와 초나라 농부 이야기는 악을 선으로 풀 때 서로가 함께 살 수 있음을 전한다. 전국시대에 양나라와 초나라는 서로 국경을 마주하고 있었다. 국경의 접경 지역에 사는 두 나라 농부들은 모두 참외를 길렀다. 마침내 참외를 수확할 시기가 되었다. 양나라 어부들의 참외밭엔 품질 좋은 참외가 주렁주렁 열려 맛도 좋고 수확도 많았다.

반면 초나라 농부들의 참외는 맛도 없고 품질도 형편이 없었다. 양나라 농부들은 참외밭을 부지런히 가꾸었지만, 초나라 농부들은 게을러서 물을 제때 주지 않은 탓이었다. 하지만 그 사정을 모르는 초나라 농부들은 질투심이 타올랐다. 한밤중에 몰래 양나라 참외밭에 가서 참외를 전부 짓밟아 버렸다. 다음 날 현장을 찾은 양나라 농부들은 단단히 화가 났다.

"우리도 초나라 참외밭을 뭉개버립시다."

그때 마을의 현령이었던 송취가 나서며 달랬다.

"원한을 원한으로 갚으면 둘 다 망할 뿐입니다."

그러고는 농부들에게 무언가를 지시했다.

이듬해 봄 양쪽 농부들은 다시 참외를 심고 길렀다. 양나라 농부들은 여전히 부지런했고 초나라 농부들은 여전히 게을렀다.

시간이 흘러 수확 철이 되자 초나라 농부들은 자신들의 참외밭에서 이상한 점을 발견했다. 이번에는 자신들의 참외밭에도 참외가 주렁주렁 열린 것이다. 들뜬 초나라 농부들은 혹여 이번엔 양나라 농부들이 자기들의 밭을 망가뜨릴까 걱정되어 밤에 몰래 참외밭을 지키기로 했다. 밤이 되자 예상대로 양나라 농부들이 초나라 참외밭으로 몰려왔다. 조금 더 지켜보던 초나라 농부들은 깜짝 놀랐다. 양나라 농부들이 초나라 참외밭에 물을 주고 풀을 뽑아주고 있는 것이 아닌가! 송취가 지시했던 일은 정기적으로 초나라 참외밭에 가서 물도 주고 풀을 뽑아주는 일이었다. 그제야 초나라 농부들은 왜 자신들의 참외밭에 품질 좋은 참외가 열렸는지를 깨닫게 되었다.

초나라 농부들은 자신들이 한 행동이 크게 부끄러웠다. 곧바로 자신들의 잘못을 뉘우치고 양나라 농부들에게 진심으로 사과했다. 사연을 들은 초나라 현령은 초나라 왕에게 보고했고, 초나라 왕은 양나라 왕에게 선물을 보내 감사의 마음을 전했다. 그리하여 두 나라 농부들은 사이가 더욱 돈독해지게 되었고, 두 나라도 더욱 우호적인 관계로 발전해 나갔다. 이로부터 참외에 물을 주는 의로움이라는 뜻의 관과지의灌瓜之義라는 말이 생겨났다.

양나라 농부들은 초나라 농부들에게 똑같은 방법으로 복수할 수도 있었다. 하지만 이들은 악을 악으로 갚지 않고 악을 선으로 갚았다. 그랬을 때 상대방도 진심으로 자신의 잘못을 제대로 뉘우치고 서로가 더욱 질 좋은 참외를 수확할 수 있었다.

진정 멋진 삶의 태도는 먼저 손을 내미는 데 있다. 임진왜란 때 김충선金忠善은 원래 일본인이었지만 조선 사람의 착한 심성에 감동해 우리나라에 귀화한 사람이다. 그는 대구 달성에 정착해 살면서 두 아내와 열 명의 자녀를 두었다. 하지만 조선으로 귀화한 그를 사람들은 곱게 보아주지 않았다. 그를 이방인 취급하고 의심의 눈초리로 바라보았다. 하지만 김충선은 그들과 맞서는 대신에 신뢰를 얻기 위해 노력했다. 그는 다음과 같은 가훈을 두며 자녀들을 교육했다.

> 남이 잘한 것이 있으면 칭찬해주고, 남이 잘못하거든 덮어주라. 남이 나를 해치려 해도 맞서지 말고 남이 나를 비방해도 묵묵히 참으라. 그러면 해치던 자가 스스로 부끄러워하고 비방하던 자는 스스로 그만둘 것이다.
>
> **김충선, 「가훈家訓」**

'지는 것이 이기는 것이다'라는 말이 있다. 마음이 성숙한 사람은 내면이 스펀지와 같아서 자신을 향한 먹물을 안으로 흡수할 줄 안다. 거센 바람보다는 따뜻한 햇볕이 사람의 마음을 바꾼다. 나를 해치는 자에게 앙심을 품기보다는 묵묵히 참고 선으로 대한다면 해치던 자도 스스로 부끄러워하고 비방하던 자도 멈출 것이다. 그것이 바로 '너 살고 나도 사는' 좋은 묘약이다.

원한을 원한으로 갚으면
둘 다 망할 뿐이다.
진정 멋진 삶의 태도는
먼저 손을 내미는 데 있다.

어두운 곳이 스승의 자리

중국의 양楊 씨 집안에는 사지당四知堂이란 현판이 유독 흔하다고 한다. 중국 후한後漢 때의 청렴한 관리였던 양진楊震의 고사에서 유래한다. 양진이 형주 자사로 부임했을 때의 일이다. 창읍의 현령이었던 왕밀王密이라는 자가 깊은 밤중에 금 열 근을 들고 찾아왔다. 예전에 양진이 왕밀의 재능을 높이 사서 그를 추천해준 일이 있었는데, 그에 대한 보답이었다. 양진은 받을 이유가 없다고 거절했다.

왕밀이 은근히 말했다.

"지금은 한밤중이라 당신과 저 외엔 아무도 모릅니다."

그러자 양진이 말했다.

"하늘이 알고, 땅이 알고, 자네가 알고, 내가 안다네."

사람들은 남들이 보는 앞에서는 신호등도 지키고, 상대방을 칭찬한다. 그러나 아무도 보지 않는 곳에서는 몰래 어기고 몰래 헐뜯고 몰래 훔친다. 들키지만 않으면 상관이 없다고 생각한다. 예전에 「양심 냉장고」라는 프로그램이 인기를 끈 적이 있다. 자동차의 정지선을 잘 지키면 냉장고를 주는 내용이었다. 번화한 곳에서는 빨간 신호등에 건널목을 지나치는 차들은 거의 없었다. 그러나 깊은 한밤중이나 이른 새벽, 인적이 드문 상황에서는 많은 자동차가 신호등을 무시하고 쌩쌩 지나쳤다. 누군가가 지켜보면 하는 척을 하지만, 보는 사람이 없으면 본능대로 행동했다.

시인 윤동주는 '하늘을 우러러 한 점 부끄럼이 없기를' 소망하면서 '잎새에 이는 바람에도 부끄러워했다'고 고백했다. 수백억을 횡령하고도 뻔뻔한 사람이 있고 배고파 빵 한 조각을 훔치고도 양심의 가책을 크게 느끼는 사람이 있다. 사람을 죽게 만들고도 태연한 사람이 있고 남의 발을 실수로 밟고서 용서를 구하는 사람이 있다. 윤동주와 같은 순결한 양심을 지니지는 못하더라도 자기 양심조차 속여서야 되겠는가.

유학의 종장인 퇴계 이황 선생은 무자기毋自欺를 평생의 좌우명으로 삼았다. 무는 금지를 뜻하는 말이고 자기自欺는 자신을 속인다는 뜻이니 무자기毋自欺는 자신을 속이지 않는다는 의미이다. 퇴계는 예순여덟에 종일품의 관직에 해당하는 우찬성이 되었지만 조정에 들어갈 때 입는 옷은 한 벌뿐이었다고 한다. 남을 속여서 재물을 축적하지 않았기에 평생을 검소하게 살았다. 조선 시대 학자인 박윤원朴胤源은 "군주를 속이지 않고, 남을 속이지 않고, 마음을 속이지 않고, 신神을 속이지 않는다. 이를 속이지 않음으로 나의 참됨을 온전히 할 수 있다"고 했다. 윗사람을 속이지 않고 친구를 속이지 않고 내 양심을 속이지 않고 하늘을 속이지 않는 것이다.

　　속이지 않는다는 것은 무슨 의미일까? 『대학大學』 「성의장誠意章」에서는 "이른바 그 뜻을 진실하게 한다는 것은 스스로 속이지 않는 것이니, 악을 미워하기를 악취를 미워하는 것같이 하며, 선을 좋아하기를 호색好色을 좋아하는 것같이 하라"라고 했다. 속이지 않는 것은 진실되게 행동하는 것이다. 사람은 진실함을 잃으면 자신을 거짓으로 꾸며 남을 속이고 자신도 속인다. 송나라의 채원정은 "혼자 갈 때 그림자에 부끄러울 것이 없고 혼자 잘 때 이불에 부끄러울 것이 없다"라는 말을 좌우명으로 삼았다. 아무도 보지 않는 곳에서 진짜와 가짜가 가려지고 참됨과 거짓이 드러난다.

　　이와 관련해 신독愼獨이라는 말이 있다. 홀로 있는 데에서 삼간다는 뜻이다. 『중용中庸』에 "감춘 것보다 잘 보이는 것이 없고, 희미한 것보다 잘 드러나는 것이 없다. 그러므로 군자는 홀로 있는 데에서 삼간다"라는 말에서 나왔다. 독獨은 남들은 알지 못하나 자기 혼자만 아는 곳을 말한다. 주자는 장소뿐만 아니라 자신의 마음속도 해당한다고 했다.

아무도 보지 않는 곳에서는 어떠한가? 몰래 무단 횡단을 하고 껌을 아무 데나 뱉는다. 동료를 해치고 남을 헐뜯는다. 계곡谿谷 장유張維는 저 어두운 곳이 스승의 자리라고 말한다.

> 어두운 방에 침묵의 공간이 있다. 사람들은 듣고 보지 못해도 신은 너와 함께 있다. 네 게으른 몸을 경계하고 나쁜 마음을 갖지 말라. 처음에 막지 못하면 하늘까지 넘친다. 위로는 둥근 하늘을 이고 아래로는 네모난 땅을 밟나니 날 모른다 말하며 장차 누구를 속일 셈인가? 사람과 짐승의 갈림이고 행복과 불행의 씨앗이니 저 어두운 곳을 나는 스승으로 삼겠다.
>
> 장유, 「신독잠」

홀로 있는 어두운 곳에서도 삼가 경계하며 성실하다면 그 사람은 믿어도 좋은 사람이라는 의미다. 이른바 불기암실不欺暗室! 어두운 곳에서도 자기 양심을 속이지 않는다는 뜻이다. 어두운 암실이 배움의 자리이고, 나의 진가가 드러나는 곳이다. 홀로 있는 데서 삼가는 것은 자기 본성을 억누르고 의지의 자리에 서는 것이다. 삿된 마음을 버리고 진실한 마음을 갖는 것이다.

바야흐로 속도와 경쟁을 강요하는 시대를 살고 있다. 정도를 걸어가면 답답하게 보이고, 정직하게 살면 나만 손해 보는 것만 같다. 보는 데서는 잘하는 척하고, 안 보는 데서는 요령을 피운다. 그러나 사람들을 다 속여도 하늘은 안다. 그리고 내가 안다. 누구도 알아주지 않는 곳에서 묵묵히 할 일을 하고, 아무도 보지 않는 곳에서 양심을 지킬 수 있다면 그가 바로 참된 인간이다.

홀로 있는 데서 삼가는 것은
자기 본성을 억누르고
의지의 자리에 서는 것이다.

오우아

초판 5쇄 발행 2023년 4월 20일
초판 1쇄 발행 2020년 4월 28일

글 박수밀
발행인 손은진
개발책임 김문주
개발 김민정 정은경
제작 이성재 장병미
디자인 섬세한곰

발행처 메가스터디(주)
출판등록 제2015-000159호
주소 서울시 서초구 효령로 304 국제전자센터 24층
전화 1661-5431 팩스 02-6984-6999
홈페이지 http://www.megastudybooks.com
출간제안/원고투고 writer@megastudy.net
ISBN 979-11-297-0614-0 03140

이 책은 메가스터디(주)의 저작권자와의 계약에 따라 발행한 것이므로
무단 전재와 무단 복제를 금지하며, 이 책 내용의 전부 또는 일부를 이용하려면
반드시 저작권자와 메가스터디(주)의 서면 동의를 받아야 합니다.
잘못된 책은 구입하신 곳에서 바꾸어드립니다.

메가스터디BOOKS
'메가스터디북스'는 메가스터디㈜의 출판 전문 브랜드입니다.
유아/초등 학습서, 중고등 수능/내신 참고서는 물론, 지식, 교양, 인문 분야에서 다양한 도서를 출간하고 있습니다.